Je dédie ce livre à mes deux adorables filles,

mes deux beaux amours,

l'amour que je vous porte est incommensurable.

À Mélissa,

petit trésor adoré, que ta famille nage dans le bonheur.

Tu es devenue une femme et une mère exemplaires et je suis très fière de toi.

À Véronique,

mon bébé adoré, puisse, un jour, l'amour frapper à la porte de ton cœur.

Tu le mérites grandement !

❤ *Mom qui vous adore.* ❤

Catalogage avant publication de Bibliothèque et Archives nationales du Québec et Bibliothèque et Archives Canada

Anges de la lumière (Esprit)

L'amour

(Soins angéliques)

ISBN 978-2-89436-325-6

1. Écrits spirites. 2. Anges - Miscellanées. 3. Amour - Miscellanées.

I. Flansberry, Joane, 1960- . II. Titre.

BF1290.A553 2011 133.9'3 C2011-942113-5

Nous reconnaissons l'aide financière du gouvernement du Canada par l'entremise du Programme d'aide au développement de l'industrie de l'édition (PADIÉ) pour nos activités d'édition.

Nous remercions la Société de développement des entreprises culturelles du Québec (SODEC) pour son appui à notre programme de publication.

Infographie de la couverture: Marjorie Patry

Mise en pages : Marjorie Patry

Éditeur : Les Éditions Le Dauphin Blanc inc.
Complexe Lebourgneuf, bureau 125 (Québec)
825, boul. Lebourgneuf
Québec (Québec) G2J 0B9 CANADA
Tél. : (418) 845-4045 Téléc. : (450) 227-4240
Courriel : info@dauphinblanc.com
Site Web : www.dauphinblanc.com

ISBN : 978-2-89436-325-6

Dépôt légal : 4e trimestre 2011
Bibliothèque nationale du Québec
Bibliothèque nationale du Canada

Imprimé au Canada

Limites de responsabilité

L'auteur et l'éditeur ne revendiquent ni ne garantissent l'exactitude, le caractère applicable et approprié ou l'exhaustivité du contenu de ce programme. Ils déclinent toute responsabilité, expresse ou implicite, quelle qu'elle soit.

JOANE FLANSBERRY

Collection
SOINS ANGÉLIQUES

L'amour

Le Dauphin Blanc

Autres titres dans la même collection

L'argent (à paraître)

La santé (à paraître)

Autres titres de la même auteure chez le même éditeur

La Bible des Anges

Les Anges au quotidien
(Bible des Anges, tome 2)

Prédictions Angéliques

Questions humaines, réponses angéliques

Table des matières

La collection *SOINS ANGÉLIQUES*

La collection *Soins Angéliques* propose des thèmes de la vie quotidienne et les défis qui leur sont reliés.

Sans remplacer le travail ni l'aide d'un professionnel, chacun des livres de la collection offre des pistes de réflexion différentes et surtout fournit des exercices, des conseils et des trucs favorisant l'action concrète et immédiate.

Sous l'inspiration des Anges, l'auteure dévoile aux lecteurs des outils simples et efficaces pour affronter et relever les différents défis reliés à chacun des thèmes. Les lecteurs ont ainsi, à portée de main, des moyens d'améliorer les aspects difficiles de leur vie. Ces moyens, facilement applicables, peuvent être considérés comme des soins angéliques permettant des premiers gestes concrets pour corriger un problème ou une difficulté, en attendant l'aide d'un professionnel ou parallèlement à son travail. Chacun des livres devient donc une trousse de premiers soins angéliques.

Les thèmes abordés ont été sélectionnés selon leur niveau de préoccupation chez la majorité des gens afin de répondre aux besoins les plus urgents et les plus importants. Nous espérons que vous y puiserez l'aide, le réconfort et l'espoir dont vous avez besoin.

L'AMOUR

Il est si bon d'aimer et d'être aimé. Pour l'être humain, c'est sa source de vie. Sans amour, l'être humain vit sans vraiment vivre. Son cœur bat sans vraiment battre. Son regard est terne, sans aucune étincelle de vie. Telle est la vie de l'être humain lorsque celui-ci tourne le dos à l'amour. Sans amour, il devient l'esclave de sa vie. Sans amour, il devient la proie facile de l'Ombre.

L'amour possède mille et un visages. L'important est d'en adopter un. Il y a aussi plusieurs possibilités d'aimer. On peut aimer son partenaire, aimer ses enfants, aimer son travail, aimer sa famille, aimer ses amis, aimer un animal de compagnie, aimer danser, aimer chanter, aimer s'amuser, aimer un sport, aimer une activité, etc. Lorsqu'on aime une personne ou une situation, on ajoute une étincelle dans sa vie. On rayonne de joie et de bonheur. Bref, lorsque certaines personnes et certaines situations nous rendent heureux, nous avons davantage de chance d'attirer vers soi de belles situations. Plus on vit des moments agréables, plus on cherche à en vivre et plus on cherche à les partager avec ceux que l'on aime. Évidemment, lorsque la vie nous sourit, cela nous donne l'énergie et le courage de surmonter les tempêtes imprévisibles que la vie envoie parfois sur notre chemin.

Lorsque notre vie est sans artifice et terne, nous avons beaucoup plus de difficultés à surmonter les intempéries de la vie. De plus, lorsque l'Ombre envahit la vie de l'être humain, celui-ci cherchera à se venger au lieu de trouver une solution pour se libérer de son problème.

Avez-vous déjà pris le temps d'observer un vieillard aigri par la solitude, dont le regard est plongé dans le néant, se réanimer à la vue d'un membre de sa famille, d'un repas qu'il préfère ou d'un moment d'attention qu'on lui porte. Qu'est-ce qui rend cet instant si magique ? ***L'amour***! Pendant quelques instants, son cœur s'est mis à battre devant une personne ou une situation qu'il aime.

L'amour fait pleurer, l'amour fait rire, l'amour fait danser, l'amour fait chanter, l'amour fait battre un cœur. L'amour nourrit l'être et il lui permet de continuer sa route. Plusieurs diront qu'il est bon d'aimer, d'autres ajouteront qu'il est pénible d'aimer. Bref, l'amour est l'émotion la plus importante pour l'être humain. L'amour nourrit l'espoir et permet aux personnes malades de vaincre leur maladie. L'amour fait escalader les plus hautes montagnes. En amour, tout défi est réalisable. L'amour donne le courage à ceux qui ont peur. L'amour relève ceux qui sont tombés. L'amour réanime un cœur blessé. L'amour rend heureux, même les malheureux. L'amour, un sentiment précieux qu'il faut conserver à tout jamais.

Lorsque l'être humain trouve son partenaire idéal, il est au diapason de l'amour. Il est heureux et il rayonne de bonheur. Ensemble, ces amoureux forment une équipe, un duo, un couple. L'amour est leur source de vie. Une source qui les aide à passer au travers des intempéries de la vie. Un couple heureux se tient par la main, s'épaule lors de moments difficiles. Un couple heureux a des projets, des rêves, des buts et il cherche à les atteindre. Telle est la force d'un couple heureux. La base fondamentale d'un tel couple est le respect et l'amour que les partenaires se portent mutuellement.

En lisant ces lignes, plusieurs se questionneront à savoir si ce type de couple existe vraiment? Oui, il existe. Regardez autour de vous et vous aurez le privilège d'en voir. Vous observerez des couples chez lesquels, même après plusieurs années de vie commune, des étincelles brillent toujours dans leur regard. On les voit se taquiner, se caresser. Ces êtres ont appris à s'aimer, comme ils ont appris à nourrir leur union. Ils dialoguent, planifient des activités familiales, passent un week-end en amoureux… Bref, ces êtres ont appris à bien nourrir leur amour et cela leur permet de continuer leur route ensemble, puisqu'ils sont bien ensemble. La plupart de ces amoureux vous diront que leur amour se transforme au fil du temps, qu'il s'amplifie. Ils vous diront qu'ils s'aiment toujours, mais qu'ils s'aiment différemment.

LES ANGES ET L'AMOUR

Dieu est le Créateur de l'Univers Angélique et terrestre. De son essence divine, il a créé des Êtres d'une grande bonté et d'une grande générosité, remplis d'amour, de respect et de Lumière. Il les a nommés les « Anges ». Sachant que l'amour sera très important dans la vie de l'être humain, Dieu a donné des missions spéciales à certains Anges. Il leur a infusé la Lumière de l'amour afin qu'ils puissent secourir les êtres humains qui les prieront. N'oubliez pas que les Anges veillent continuellement sur ceux qui les prient. Ces magnifiques Anges sont toujours prêts à intervenir lorsqu'on fait appel à eux. Ces Êtres lumineux sont présents dans votre vie pour alléger vos peines lorsque vous êtes triste. Ils vous apportent leur soutien lorsque tout semble s'écrouler autour de vous. Ils vous relèvent lorsque vous tombez. Ils vous guident lorsque vous êtes perdu. Ces magnifiques Créatures de Dieu vous insufflent leur Lumière d'amour et de respect pour vous aider à avancer d'un pas solide vers votre avenir. Bref, elles illuminent votre Lumière intérieure, ce qui attire à vous l'amour ainsi que de belles et bonnes choses.

En général, l'être humain désire le bonheur. Il cherche à partager sa vie avec un être qui saura le respecter, l'aimer et s'unir à lui. Il souhaite une union solide et heureuse. Toutefois, malgré qu'il ait besoin d'aimer, l'être humain a souvent peur de l'amour. Il craint d'être blessé, de ne pas aimer la bonne personne, de ne pas être à la hauteur, etc. Bref, toutes ces peurs peuvent parfois aveugler l'être humain, à un point tel, qu'il ne verra pas les belles opportunités venir à lui pour rencontrer son partenaire de vie.

La mission des Anges de l'amour est de vous aider à trouver l'amour véritable, à trouver un bon ami, à oublier un amour du passé, à surmonter une peine, un deuil, une séparation ou un divorce. Ces adorables Anges peuvent aussi vous aider à rehausser l'amour dans votre union, à éviter une séparation, à rester fidèle. Toutefois, si les partenaires d'un couple décident de se séparer, les Anges peuvent les aider à mettre fin à leur union sans se déchirer.

On peut tout demander aux Anges de l'amour au sujet de la vie amoureuse. Toutefois, il est important de noter qu'ils vous aideront si, évidemment, cela n'entrave pas votre plan de vie. Vous ne pouvez pas demander qu'une personne en particulier puisse vous aimer, si cela ne fait pas partie de votre plan de vie ou si cette personne vous rendrait malheureux. Il est évident qu'il serait impossible aux Anges de vous accorder ce désir. Leur bonheur est de vous voir heureux. Si vous réclamez le cœur d'une personne qui ne vous mérite pas, les Anges ne peuvent acquiescer à votre demande.

Lorsqu'on fait une demande aux Anges, il faut être réaliste. De plus, si vous formulez une demande et que celle-ci ne vous est pas accordée, c'est qu'il y a une raison. Ne blâmez pas les Anges et ne pensez pas qu'ils ne vous ont pas entendus. Ils savent ce qui est bon pour vous et ce qui ne l'est pas. De toute façon, les Anges envoient toujours un substitut qui est parfois mieux que ce que vous aviez demandé.

Plusieurs Anges ont le privilège de travailler pour le bien de l'amour. Chaque Ange possède sa propre mission pour venir en aide aux humains au niveau de l'amour, que ce soit de trouver l'amour, de rehausser une union, etc. Ces magnifiques Anges travailleront assidûment pour apporter à l'être humain l'amour, cette source de vie dont ils ont tant besoin!

LES ANGES DE L'AMOUR

Il y a plusieurs Anges dont la mission est de prendre soin de la vie amoureuse de l'être humain. Dieu a conçu ces êtres pour qu'ils vous viennent en aide au moment opportun de votre vie. Chacun de ces Anges ont une mission très particulière en ce qui a trait à l'amour. Leur mission est d'aider l'être humain

dans sa quête de l'amour et du bonheur. Il s'agit des Anges : Vehuiah, Jeliel, Lelahel, Yezalel, Lauviah II, Pahaliah, Melahel, Haaiah, Yerathel, Omaël, Aniel, Haamiah, Rehaël, Hahahel, Ariel, Asaliah, Mihaël, Vehuel, Daniel, Mebahiah, Nemamiah, Harahel, Mitzraël, Umabel, Iah-Hel, Anauël, Mehiel, Eyaël, Habuhiah et Jabamiah.

Les deux principaux Anges de l'amour

Tout au long de ce livre, nous réfèrerons à ces Anges pour différents aspects de l'amour. Toutefois, il y a deux Anges importants à prier en particulier pour attirer à vous l'amour de votre vie. Il s'agit des Anges **Lelahel** et **Haamiah**. Ils sont les Cupidons Angéliques de l'amour. Leur mission est d'attirer à vous l'amour de votre vie. Ils sont inséparables. L'un ne va pas sans l'autre. Lorsque vous priez l'Ange Haamiah au sujet de l'amour, l'Ange Lelahel arrive précipitamment pour apporter son aide, et vice versa. Ces êtres forment un tandem, une unité, un tout. Leur mission est d'apporter l'amour dans la vie de l'être humain. Ces Anges vous aideront à trouver le partenaire idéal, celui qui correspond à vos désirs. Ils dirigeront vers vous cet être qui saura vous rendre heureux et ils feront de votre union, une union heureuse et remplie d'amour et de magie.

L'Ange Lelahel

L'Ange Lelahel est le Dieu des amoureux, de l'amour véritable. Il est un bel Ange d'amour ! Ses ailes sont magnifiques. Il est un Ange qui possède une beauté incommensurable, à un point tel qu'il peut être comparé à un diamant qui brille au soleil. Lorsque Lelahel est dans une pièce, on peut voir de petites étincelles en forme de cœur accompagnées de petites notes de musique.

Rappel

Le cœur est le symbole qui représente l'Ange Lelahel.

Il est le protecteur des amoureux puisqu'il aide tous ceux qui le prient à trouver l'amour véritable. Non pas l'amour qui fuit, mais bien l'amour qui reste. L'Ange Lelahel va permettre à ceux qui le prient et à ceux qu'il protège, de trouver l'amour qui leur est dû, l'amour qui leur est destiné. Dans le fond, il les aidera à trouver l'être qui leur permettra de grandir en tant qu'humain, en tant qu'âme. Cet amour sera un amour équilibré.

Nous conseillons à ceux qui ont des difficultés dans leur vie amoureuse de faire appel à lui dans le but de trouver le partenaire idéal. Lelahel est aussi l'Ange idéal des célibataires à la recherche d'un partenaire amoureux.

Rappel

Lelahel est heureux lorsque l'être humain est en amour.

Astuce

Lelahel adore l'odeur de la cannelle. Pourquoi ne pas lui offrir de petits cœurs à la cannelle ?

« Aimez-vous tel que vous êtes puisque vous êtes le reflet de Dieu. »

Ange Lelahel

L'Ange Haamiah

Haamiah est l'Ange idéal des personnes qui cherchent l'amour. La Lumière de cet Ange vous aidera à trouver le partenaire idéal qui correspond à vos attentes. Elle dirigera vers vous l'être qui saura vous rendre heureux et elle fera de votre union une union heureuse remplie d'amour et de magie.

Rappel

Haamiah adore l'odeur des parfums doux et aphrodisiaques.

L'Ange Haamiah est la représentation même de l'amour. Cet Ange est entouré d'une multitude de petits cœurs. Elle est d'un blanc illuminé et ses ailes sont serties de petits cœurs rouges scintillants. On la représente comme le petit cupidon de la Saint-Valentin.

Rappel

Haamiah est représenté par un Cupidon.

Vous pouvez prier l'Ange Haamiah pour trouver le partenaire idéal et vivre une belle histoire d'amour, pour guider vos pas vers le chemin du bonheur, pour retrouver l'harmonie dans votre vie et pour rencontrer l'amour si vous êtes célibataire. Cet Ange vous montrera le chemin qu'il faut prendre pour aller à la rencontre de cet amour.

Astuce

Saviez-vous que Haamiah est aussi friande des petits coeurs à la cannelle, comme Lelahel ?

Haamiah a la puissance qui pourrait permettre à tous les êtres humains de trouver le partenaire idéal et de vivre une belle histoire d'amour.

« Un coeur qui bat dans l'amour est un coeur heureux. »

Ange Haamiah

LES ANGES SECONDAIRES POUR LE THÈME DE L'AMOUR

Lorsque vous réciterez une prière pour attirer l'amour vers vous, plusieurs Anges se joindront aux Anges Haamiah et Lelahel. Ceux-ci formeront une équipe, un Chœur angélique qui aideront ces deux magnifiques Anges dans leur quête de l'amour. Il s'agit des Anges Jeliel, Yezalel, Aniel, Hahahel, Ariel, Umabel, Iah-Hel et Anauël. Chacun infusera leur Lumière qui favorisera la rencontre d'un partenaire amoureux.

Au départ, les Anges Aniel et Ariel illumineront votre personnalité pour attirer les regards dans votre direction. Pour eux, il est important d'avoir une belle présentation, surtout lorsqu'on cherche l'amour. On ne parle pas ici de la beauté physique, mais bien de la beauté intérieure et naturelle. Lorsque l'être humain est superficiel, il ne peut rencontrer le véritable amour, puisqu'il y a erreur sur sa personnalité.

Astuce

Dès que vous priez l'Ange Ariel, vous ressentez sa présence autour de vous.

Les Anges Aniel et Ariel affirment que lorsque l'être humain est naturel et qu'il est bien dans sa peau, il a davantage de chance de rencontrer son partenaire idéal et que celui-ci soit à la hauteur de ses attentes. L'Ange Aniel est un porteur d'amour partout où il passe. Sa Lumière fera rayonner en vous vos valeurs et votre personnalité. Il en est de même avec la Lumière de l'Ange Ariel. Elle illuminera votre jardin intérieur de sorte que les gens le remarqueront et se sentiront inviter à y récolter le bonheur. Grâce à la Lumière de ces Anges, lors de vos sorties, vous serez rayonnant, pétillant et rempli d'énergie, ce qui attirera plusieurs regards dans votre direction. Les gens se sentiront bien en votre compagnie. Toutefois, il ne faut pas oublier de porter sur vous votre petit cœur angélique à chaque fois que vous ferez des sorties.

La mission des Anges Jeliel et Hahahel sera d'attirer à vous des personnes qui vous méritent, des personnes qui correspondent à vos besoins et à vos attentes. Jeliel est aussi un Ange d'amour. Celui-ci permet à l'humain de trouver son âme sœur, sa flamme jumelle, de trouver la personne qui lui conviendra le mieux pour bâtir une union solide.

Astuce

La lumière de l'Ange Jeliel éloigne les querelles, les chicanes, les disputes et les divorces.

Lorsque ces deux magnifiques Anges auront trouvé des personnes susceptibles de vous aimer et de vous rendre heureux, les Anges Yezalel, Umabel et Anauël vérifieront si vous êtes compatibles et ils s'assureront que vous puissiez former une unité, une équipe, un tandem avec ce nouveau partenaire. Il est primordial pour ces fontaines d'amour de voir l'être humain heureux et épanoui dans sa vie amoureuse. Leur désir fondamental est d'unir les gens pour former une belle unité, une union basée sur le respect et l'amour.

Si les Anges vous envoient plusieurs choix, il vous sera permis de bien choisir grâce à la Lumière de l'Ange Iah-Hel. Il est l'Ange idéal pour former des couples. Il vous aidera à choisir le meilleur compagnon de vie, celui qui vous correspond. Il fera en sorte que votre union soit heureuse et qu'elle soit basée sur le respect, l'amour et la fidélité.

Astuce

L'Ange Iah-Hel favorise la rencontre entre deux êtres.

Ensemble, ces Anges de l'amour favoriseront la rencontre d'une personne qui correspondra à vos désirs. Il s'agira d'un amour qui vous est dû et destiné, d'un amour véritable et durable basé sur le respect, la fidélité, la tendresse, l'harmonie et la joie d'être ensemble et de former ce couple.

Ensemble, ces magnifiques Êtres forment l'amour dans toute sa splendeur.

Qu'arrive-t-il lorsque vous priez ces magnifiques Anges pour rencontrer l'amour ?

Dans le cœur de celui qui le priera, l'Ange Lelahel infusera un cœur. Le cœur est le symbole qui le représente. Dans ce cœur, il y a une flamme. Cette flamme agit pour attirer la flamme jumelle de l'être humain, soit la flamme qui correspondra à sa demande. Cette flamme contient toute la Lumière des Anges accompagnant Lelahel et Haamiah dans leur quête de l'amour.

L'Ange Haamiah guidera vos pas vers cette flamme jumelle. Elle vous montrera le chemin qu'il faut prendre pour aller à la rencontre de cet amour. De plus, sa Lumière apportera en vous le réconfort et l'harmonie. Lorsqu'on est en harmonie avec soi-même, il est beaucoup plus facile de trouver le partenaire idéal.

Lorsque vous prierez ces magnifiques Anges, attendez-vous à faire de belles sorties. Plusieurs personnes de votre entourage vous inviteront à assister à des événements agréables. D'autres vous feront connaître des gens. Bref, il y aura de l'action dans votre vie. Lors de vos sorties, il vous sera permis de faire la rencontre de toutes sortes de personnes. Des personnes qui vous chavireront, des personnes qui vous laisseront indifférents, des personnes qui égaieront vos soirées, etc.

Toutes ces rencontres vous permettront de mieux choisir votre partenaire de vie. Vous serez conscient de ce que vous désirez dans votre vie et de ce que vous ne voulez plus. Souvent, lorsque l'être humain vit seul et qu'il est à la recherche de l'amour, il peut choisir des partenaires qui ne lui conviennent pas. La crainte d'être seul et de ne pas être aimé l'amène à choisir par peur et non par amour. Souvent, il sort déçu de cette mésaventure, et davantage déchiré qu'auparavant. C'est la raison pour laquelle les Anges Haamiah et Lelahel veulent vous aider à faire un meilleur choix. Ces Êtres veulent que vous soyez conscient de vos choix et que vous cherchiez vraiment la personne qui correspond à vos désirs.

Lorsqu'ils verront que vous êtes en harmonie avec vos choix, alors le partenaire idéal sera sur votre route. C'est pourquoi il faut être parfois très patient pour connaître cet amour. Les Anges Haamiah et Lelahel veulent s'assurer de vous envoyer l'être qui saura vous aimer, vous chérir, vous respecter et vous rendre heureux. Néanmoins, votre patience sera récompensée puisqu'ils trouveront votre perle rare !

Lorsque vous prierez ces magnifiques Anges, il serait important d'accepter les invitations qui viendront vers vous, puisque l'une d'elles vous guidera vers votre partenaire de vie. De plus, n'oubliez pas de porter sur vous l'objet que vous ferez purifier par les Anges de l'amour. Cet objet sera comme un talisman. Lorsque vous le porterez, il vous permettra d'être en harmonie avec vous-même. Vous serez rayonnant, attirant et attrayant, ce qui détournera plusieurs regards dans votre direction.

Les bienfaits de la Lumière des Anges

Avant de placer sur votre chemin votre amoureux, ces Anges de l'amour s'assureront que vous êtes prêt à entamer une nouvelle relation. C'est la raison pour laquelle ils iront voir dans vos vies antérieures, dans votre passé et dans votre présent pour vérifier qu'il n'y ait aucune douleur ou blessure qui pourrait nuire à cette nouvelle relation.

Haamiah affirme que si vous réglez vos faiblesses et vos peines d'amour, vous ne traînerez plus vos bagages de douleurs dans vos prochaines incarnations. Il vous sera ainsi permis d'aimer en toute simplicité, sans avoir peur de l'amour. En priant ces Cupidons de l'amour, leur Lumière vous donnera le courage de régler tout ce qui entrave la route de l'amour et du bonheur.

Lorsque Haamiah fera un bilan de vos faiblesses, elle vous le montrera par des situations qui se produiront dans votre vie. Si vous éprouvez encore des sentiments envers une personne du passé, l'Ange Haamiah vous en fera prendre conscience. Il en est de même si vous avez toujours des sentiments de haine envers un ancien amoureux.

Haamiah et Lelahel vous feront comprendre qu'il est temps de régler vos anciennes émotions ou blessures. Comment voulez-vous rencontrer le partenaire idéal si vous êtes toujours en amour avec un être du passé ? De plus, comment voulez-vous laisser l'amour entrer dans votre vie si vous éprouvez des sentiments de haine envers un ancien amoureux ?

Lorsqu'il y a encore des émotions en suspens, comment voulez-vous réussir une nouvelle vie amoureuse ? Avec le temps, vos fantômes du passé viendront vous hanter de nouveau, ce qui nuira à votre relation.

C'est pour cette raison que les Anges de l'amour s'assureront que rien n'est laissé en suspens et que vous êtes prêt à rencontrer ce partenaire idéal. Bref, si vous priez les Anges Lelahel et Haamiah, et que cela prend un peu de temps avant de rencontrer une personne, ne pensez pas que les Anges vous ont abandonné, au contraire, ces êtres de Lumière s'assureront que tout est en harmonie pour la rencontre de cet être idéal et que rien n'empêchera ce bonheur de s'épanouir à travers les années.

Pour les aider à faire ce grand ménage d'émotions, Lelahel et Haamiah travailleront en collaboration avec les Anges Melahel, Haaiah, Aniel, Mitzraël et Eyaël.

Melahel est l'Ange qui délivre de tous les maux. Sa Lumière réconfortante vous guidera donc vers les meilleures solutions pour que vous puissiez rapidement retrouver la paix, la sérénité et le chemin du bonheur. Sa mission est de vous libérer de tout ce qui peut entraver la rencontre de votre partenaire idéal. Grâce à sa Lumière, cet Ange vous redonnera l'envie de faire place à l'amour et de vous épanouir à travers celui-ci.

Rappel

Lorsque vous priez l'Ange Melahel, il peut prendre jusqu'à 9 jours avant de manifester sa présence

Haaiah est l'Ange des traités de paix. La mission de cet Ange est de vous libérer de toutes les émotions enfouies qui vous retiennent prisonnier de vos anciens partenaires amoureux. Qu'il s'agisse d'une peine d'amour, d'un divorce pénible, de batailles, de sentiments de vengeance, etc., la Lumière de cet Ange apportera la paix dans votre cœur et dans le cœur de celui qui vous a blessé. La raison pour laquelle elle placera aussi la paix dans votre cœur, c'est pour défaire un lien d'appartenance avec cette personne. Cet être ne viendra plus vous déranger au niveau des émotions, surtout si vous avez peur de représailles en refaisant votre vie amoureuse. L'Ange Haaiah affirme que lorsqu'un partenaire est envahi par des émotions de vengeance, cela peut provoquer des gestes néfastes et des situations dangereuses envers l'autre partenaire. En infusant sa Lumière de traité de paix aux deux partenaires, l'Ange Haaiah veut éviter qu'un désastre se produise dans leur vie. La force de sa Lumière permettra à ces deux personnes de refaire leur vie, sans perturber la vie de l'autre.

Rappel

Vous devez être très patient lorsque vous réclamez l'aide de Haaiah.

L'Ange Aniel vous aidera à couper le lien avec le passé. Il vous permettra de mettre fin une fois pour toutes aux émotions qui dérangent, aux espoirs mal nourris. Bref, sa Lumière vous libérera de tout ce qui vous retient prisonnier.

Vous n'aurez plus aucune attente provenant de votre passé. Vous regarderez droit devant vous, vers un avenir plus prometteur. Ainsi libéré, il vous sera permis de laisser un nouvel amour se créer un chemin vers la voie de votre cœur.

Mitzraël vous délivrera de vos peurs. Cet Ange est conscient que l'être humain ne peut avancer ni être heureux lorsqu'il vit avec des peurs. La peur bloque l'énergie qui pourrait attirer deux êtres l'un vers l'autre. La peur peut aussi vous empêcher de vous investir à fond dans une relation. Souvent, à cause de leurs peurs, certaines personnes s'éloigneront d'un partenaire qui pourrait leur apporter tout ce que leur cœur a besoin, le partenaire de leurs rêves. À cause de leurs peurs, certaines personnes ferment la porte à l'amour et elles continuent leur route, seules et affligées. Elles sont malheureuses, car elles ont grandement besoin d'aimer. Toutefois, la peur de l'engagement, la peur de se tromper, la peur d'être blessé les empêchent de s'épanouir à travers une relation. La mission de Mitzraël sera d'infuser à ces êtres sa Lumière de persévérance et de courage. Sa Lumière vous aidera à analyser profondément en vous la cause de vos peurs. Ensuite, cet Ange vous guidera vers la meilleure solution ou vers des personnes compétentes qui sauront vous libérer de vos peurs.

La Lumière de l'Ange Eyaël vous donnera le courage d'avancer et de confronter vos épreuves et vos peines pour que vous puissiez en finir une fois pour toutes. Il vous permettra de recommencer sur de nouvelles bases. Il vous aidera à bien terminer une étape de votre vie pour en commencer une autre beaucoup plus heureuse et sereine.

Astuce

Eyaël vous demande de faire ceci : un examen de conscience afin de tenir occupées vos pensées et d'adoucir votre peine intérieure.

Bref, tous ces magnifiques Êtres vous feront prendre conscience de toutes les émotions qui doivent être réglées pour pouvoir rencontrer votre partenaire idéal.

LE NETTOYAGE DES ÉMOTIONS

Avez-vous encore des émotions reliées au passé?

On ne peut véritablement vivre une saine relation amoureuse, qu'elle soit nouvelle ou ancienne, si nous traînons dans nos bagages de vie des émotions reliées au passé.

Certains diront qu'ils ont réglé leur passé. D'autres affirmeront qu'ils ont toujours des émotions reliées au passé. Toutefois, comment être vraiment certain qu'il ne reste plus aucune émotion rattachée au passé? Il est quasiment impossible de savoir si ces émotions sont reliées à vos vies antérieures. Pour vous assurer que rien n'est resté en suspens, il serait important de faire l'exercice *Le nettoyage des émotions*. Cet exercice vous permettra de vous libérer de tout ce qui pourrait vous retenir prisonnier. Que ce soit dans la vie actuelle ou dans vos vies passées, cet exercice nettoiera toutes les peines, les attentes et les déceptions qui ne se sont pas complètement guéries et qui sont restées enfouies dans une profondeur et dont vous n'êtes pas conscient. Toutefois, lorsqu'arrive le temps de faire des rencontres, une petite peur vous envahit ou vous devenez indécis, vous ne savez pas trop si vous devez accepter l'invitation ou pas, etc. Si ces scénarios vous arrivent, c'est qu'il y a encore des émotions enfouies qui ressortent lorsqu'un événement impliquant votre vie amoureuse survient.

Lors de cet exercice, attendez-vous à verser des larmes et à vivre toutes sortes d'émotions, mais rien de dérangeant. Vous prendrez tout simplement conscience des émotions qui sont encore troublantes en vous. Lorsqu'on est conscient de ses émotions, on est apte à mieux les régler. Néanmoins, lorsque le tout sera nettoyé, vous aurez un sentiment de bien-être, mais surtout, vous serez sûr de vous. Vous n'aurez plus aucun doute ni aucune peur, et vous choisirez votre partenaire en fonction de vos désirs. Rapidement, vous ferez de belles rencontres intéressantes qui vous donneront l'envie de vous investir profondément avec l'une de ces personnes. À la suite de ce nettoyage, vous prendrez goût à la vie et vous serez en mesure de relever tous les défis que comporte parfois la vie amoureuse!

Exercice : Le nettoyage des émotions

Cet exercice est le plus exigeant, mais il vous sera très bénéfique. Puisque vous ferez le grand ménage de vos émotions, il est évident qu'il y aura des journées maussades, des journées de tristesse, des journées de pleurs. Il y aura aussi des journées où vous chercherez la solitude au lieu de la compagnie des gens. À d'autres moments, vous serez nostalgique, sans connaître vraiment la raison de cette émotion. Il serait important, lors de ces moments incompréhensibles, de relaxer et de vous reposer. De toute façon, vous pourriez vivre cela pendant plus ou moins une journée, et ensuite vivre de bonnes journées, dépendamment de l'intensité du ménage des émotions.

Pour faire cet exercice, les Anges de l'amour travailleront en collaboration avec les Anges Sitaël, Melahel, Haaiah, Aniel, Mitzraël et Eyaël. Cela vous prendra plusieurs semaines pour que le ménage soit bien fait. Chacun des Anges viendra vous infuser sa Lumière et vous libérera de tout ce qui entrave la rencontre de votre partenaire idéal.

Pour cet exercice, assurez-vous d'avoir un petit cahier, un crayon à mine et une gomme à effacer. Si vous le désirez, vous pouvez aussi vous procurer une chandelle blanche, rose ou rouge pour représenter l'amour, et faire jouer une musique de détente. Toutefois, cela est facultatif.

Comme vous y écrirez plusieurs éléments personnels, dont vos émotions, assurez-vous de ranger votre cahier d'exercices dans un lieu sûr. Si vous n'aimez pas écrire, vous pourrez toujours vous enregistrer. Il est important de noter vos émotions car cela vous permettra par la suite de réaliser que les Anges ont bien entendu votre appel et qu'ils vous ont libéré de tout ce qui entravait la route de votre bonheur.

Lorsque vous vous sentez prêt, débutez l'exercice. Avant de vous coucher, signifiez aux Anges de l'amour que vous êtes prêt pour le nettoyage des émotions. Prenez trois profondes respirations, en expirant doucement. Vous pouvez aussi écouter une musique de détente, si vous le désirez. De plus, si votre cahier n'est pas trop épais, placez-le sous votre oreiller, sinon sur la table de chevet. Ce signe indique aux Anges que vous êtes prêt pour le nettoyage. Il se peut qu'au début, vous sentiez quelques frissons envahir votre corps; ne vous inquiétez pas, c'est normal. Il s'agit de l'énergie des Anges qui commencent leur travail. Tout doucement, vous sombrerez dans un sommeil profond. À tous les soirs, vous pouvez demandez aux Anges d'être présents et de faire le ménage de vos émotions, ou vous pouvez le faire à l'occasion, surtout lorsque vous sentez le besoin de vous libérer de certaines émotions. Ce ménage nettoiera en même temps toutes les émotions que vous vivrez au courant de la journée, ce qui vous permettra de retrouver la forme au réveil. Si, la veille, vous vous couchez avec une incertitude, le lendemain, vous vous réveillerez avec une certitude. Tels seront les bienfaits de ce nettoyage.

Tout au long de ce ménage, les Anges Haamiah, Lelahel et Melahel seront toujours présents. Dès la première journée, leur énergie sera en évidence. La mission de l'Ange Haamiah sera de faire le ménage de vos anciennes vies. En vous libérant de certains liens enfouis, il favorisera le règlement de ce que vous vivez actuellement. Bref, c'est débuter le ménage à la racine, à la base. Lorsque Haamiah trouvera une faille, l'Ange Lelahel y déposera des petits cœurs d'amour et Melahel cherchera de bonnes solutions pour vous libérer de tout ce qui entrave la rencontre de l'amour et du bonheur.

Prenons l'exemple suivant. Vous possédez une plante qui devrait fleurir normalement, mais depuis que vous l'avez, elle ne produit jamais de fleurs. C'est pourtant une plante saine, bien entretenue; vous en prenez soin, mais elle ne donne pas de fleurs. Vous décidez donc de faire le ménage de cette plante. Vous la nettoyez jusqu'aux racines. Vous vous apercevez alors que certaines racines sont endommagées. Vous les nettoyez, les secouez et vous leur fournissez de la terre propre et de l'engrais, bref, vous faites un grand ménage de votre pot de fleurs. À la suite de ce ménage, de très jolies fleurs commencent à pousser. Pourtant, vous n'avez pas fait grand-chose, vous avez tout simplement nettoyé votre plante.

Il y a de fortes chances qu'à la base de cette plante, il y avait un petit problème enfoui que vous ne pouviez voir, mais qui empêchait la plante de fleurir. Lorsque vous l'avez secouée et nettoyée, la plante a dévoilé son problème et vous l'avez corrigé. Il en est de même avec l'énergie de l'Ange Haamiah. Elle ira à la source même de vos incarnations pour s'assurer qu'il n'y a rien qui dérange votre vie actuelle. L'Ange Lelahel y déposera sa Lumière d'amour, ce qui aura un effet bénéfique sur vous, tandis que Melahel trouvera les meilleures solutions pour régler le tout adéquatement.

Lors de votre ménage, si Haamiah repère une faille, une situation, une faiblesse ou une relation du passé qui dérange votre vie actuelle, il vous aidera à en prendre conscience pour pouvoir par la suite la régler adéquatement. Il est important de noter que le mot *régler* ne veut pas nécessairement dire de vous en séparer ou de l'éliminer. *Régler* peut aussi signifier qu'il faut accepter ces situations et apprendre à les apprivoiser, à ne pas les fuir, à les intégrer dans votre vie tout en les améliorant. De toute façon, l'énergie de l'Ange Haamiah et de Melahel vous fera ressentir intérieurement la meilleure procédure à suivre pour régler le tout à votre entière satisfaction.

L'important est d'être en harmonie avec ce que vous vivez. Si vous ne l'êtes pas, il est important d'y voir maintenant et de demander aux Anges de l'amour de faire le ménage pour vous.

Dans les semaines suivantes, vous vivrez beaucoup de choses intérieurement, au niveau du ressenti, et parfois extérieurement par des situations. De plus, plusieurs risquent de verser des larmes sans vraiment en connaître la raison. D'autres auront un sentiment d'abandon très prononcé en eux. Certains chercheront la solitude.

Bref, vous vivrez toutes sortes d'émotions incompréhensibles, ce qui risque de vous déranger un peu. Toutefois, ne vous inquiétez pas, cela ne durera que le temps de bien assimiler l'émotion et de la régler. Ne soyez pas surpris de ressentir une émotion forte et de verser des larmes pendant

10 minutes, et ensuite, d'être pris d'un fou rire et d'être en pleine forme. Ce genre de scénario est normal. Lorsque vous serez envahi par une émotion, c'est le signe que l'Ange Haamiah a repéré une faiblesse qu'elle remonte à la surface pour vous en libérer. Ensuite, l'énergie de Melahel vous permettra d'en prendre conscience et de trouver une solution pour vous en libérer. Finalement, l'énergie du charmant Ange Lelahel vous permettra d'en rire.

Il est important de noter vos sentiments dans un cahier; ça vous permettra par la suite de comprendre pourquoi vous vivez souvent ces émotions dans votre vie actuelle. Que ce soit la tristesse, la haine, l'amertume, l'abandon, la peine ou toute autre émotion, écrivez-la dans votre cahier, en y notant aussi la date et la journée où vous l'avez vécue.

Il est important de vous libérer de ces émotions par la suite pour bien les effacer de votre vie et pour retrouver le contrôle de votre destinée. Voici ce que vous devez faire :

Allumez votre chandelle, tout en récitant :

> *« Que la Lumière des Anges de l'amour soit présente dans cette pièce. »*

Prenez trois profondes respirations, puis expirez doucement.

Prenez l'une de vos émotions que vous avez inscrites dans votre cahier et dites ceci :

> *« Aujourd'hui, je me libère de* (indiquez votre émotion) *que j'ai ressenti le* (écrivez la date ou la journée où vous avez vécu votre émotion). *Maintenant, je prends ma vie en main et j'avance fièrement vers le chemin du bonheur. L'émotion de* (indiquez votre émotion) *que j'ai vécue et ressentie ne viendra plus hanter ma vie actuelle. Moi,* (votre prénom), *j'ai été, je suis et je demeure le Maître de ma destinée. »*

Si vous le désirez, vous pouvez vous regarder dans un miroir en récitant ces paroles positives. Mais c'est facultatif, tout comme la chandelle.

Prenez une deuxième émotion et refaites le même scénario. Vous pouvez le faire chaque fois que vous vivez une émotion. Vous pouvez attendre de trouver le bon moment pour le faire. Toutefois, il est important de le faire au moins une fois par mois. Ceci vous libérera de ces émotions.

Tout au long de ce ménage, plusieurs auront des rêves bizarres. D'autres auront des réminiscences de leurs anciennes vies : des visages, des dates, des situations, etc. Vous serez souvent dans la lune, songeur, rêveur. Ne vous inquiétez pas, toutes ces situations sont parfaitement normales. D'ailleurs, il y aura certaines journées où vos énergies seront à la hausse!

Les journées plus émotionnelles sont des signes que l'Ange Haamiah vous fait ressentir intérieurement la vibration de l'émotion que vous avez vécue jadis. Cet Ange vous fera aussi prendre conscience de l'impact que cette émotion engendre dans votre vie actuelle. Voici un exemple : une journée, vous ressentez un sentiment d'abandon très prononcé. À la suite de cette émotion, vous réaliserez soit que vous avez souvent mis fin à vos relations, de peur de vous faire abandonner, soit que vos partenaires vous ont toujours trompé ou abandonné ou encore que vous *étouffez* votre partenaire par votre insécurité et votre jalousie.

Chaque émotion restée enfouie engendre une situation dans votre vie actuelle qui vous empêche de vous épanouir totalement dans votre vie amoureuse. C'est ce que les Anges de l'amour veulent vous faire prendre conscience. Ensuite, il n'en tiendra qu'à vous de régler l'émotion, soit en l'acceptant et en étant conscient de son impact dans votre vie, soit en l'éliminant de votre vie. Qu'importe la décision que vous prendrez, les Anges de l'amour seront à vos côtés pour vous donner la force et le courage de la vivre.

Pour ce faire, ils travailleront avec l'énergie de l'Ange Melahel. Dès la première journée, l'énergie de l'Ange Melahel entrera en jeu. La Lumière de cet Ange délivre de tous les maux. Sa Lumière réconfortante vous guidera vers les meilleures solutions pour que vous puissiez retrouver la paix, la sérénité et le chemin du bonheur. Bref, sa Lumière vous donnera goût à la vie. Grâce à sa Lumière, il vous sera permis de bien régler toutes les émotions enfouies et reliées à vos vies antérieures.

Melahel a comme mission d'aider l'être humain à accueillir la sérénité, la quiétude et la paix dans son cœur et de lui permettre de retrouver un bel équilibre sur tous les aspects de sa vie. Lorsque votre vie est en équilibre, vous devenez plus productif, serein et heureux. Vous ne vous laissez plus abattre par qui ou quoi que ce soit. Vous êtes en mesure d'affronter vos épreuves avec tact, force et courage. Tels seront les bienfaits de la Lumière de Melahel tout au long de ce nettoyage.

Huit jours après le début du nettoyage, l'énergie de l'Ange Haaiah entrera en jeu. Elle est l'Ange des traités de paix. Donc, il serait important, à partir de la 8ième journée, de prendre le temps de faire un traité de paix avec tous ceux qui vous ont blessé. Suivez le procédé suivant :

Allumez votre chandelle, tout en récitant :

> *« Que la Lumière des Anges de l'amour et de l'Ange Haaiah soit présente dans cette pièce. »*

Prenez trois profondes respirations, puis expirez doucement.

Ensuite, prenez votre cahier et inscrivez les noms de toutes les personnes avec lesquelles vous aimeriez faire un traité de paix. Il peut s'agir de vos anciens partenaires, d'un membre de la famille, d'une personne envers qui vous entretenez un sentiment de vengeance, d'un voisin, d'un collègue de travail, etc. Lorsque vous aurez écrit tous les noms, prenez le premier et récitez ceci :

> *« Anges de l'amour, Ange Haiah, j'aimerais faire un traité de paix avec* (nommez la personne). *Infusez-nous votre Lumière de paix et de respect. »*

Ensuite, prenez le deuxième nom et répétez la phrase, ainsi de suite. Vous pouvez aussi écrire la phrase à réciter pour chaque personne. Vous verrez qu'en peu de temps, toutes les personnes inscrites s'éloigneront de vous et vous ne serez plus atteint par leur attitude.

Quinze jours après le début du nettoyage, l'énergie des Anges Aniel et Sitael entreront en jeu. Ces Anges vous aideront à couper le lien avec le passé et à mettre fin une fois pour toutes aux émotions et aux situations qui vous dérangent. Ces magnifiques Anges possèdent le pouvoir de libérer ceux qui sont enchaînés à des problèmes reliés à la vie actuelle, au passé et aux vies antérieures. Leur mission est de vous éloigner de l'Ombre et de vous en libérer. Leur Lumière vous donnera le courage de régler tous les aspects négatifs qui sont à l'intérieur de vous et d'y mettre le mot « fin » à tout jamais. Leur Lumière vous donnera le courage et la détermination de mettre fin à toutes les situations pénibles que vous avez vécues ou que vous vivez présentement. **Ils sont la clé de votre libération**.

Donc, à partir de la 15ième journée, il serait important d'écrire tous les noms et toutes les situations sur lesquels vous aimeriez apposer le mot *fin*. Procédez ainsi :

Allumez votre chandelle, tout en récitant :

> *« Que la Lumière des Anges de l'amour et des Anges Sitaël et Aniel soit présente dans cette pièce. »*

Prenez trois profondes respirations, puis expirez doucement.

Ensuite, prenez votre cahier et inscrivez tous les noms des personnes et toutes les situations auxquelles vous aimeriez mettre *fin* afin de pouvoir avancer sereinement dans votre futur. Il peut s'agir de mettre fin aux problèmes financiers, de mettre fin à un problème de boisson, de mettre fin à une liaison, etc. Prenez le temps d'écrire chacune des situations, une par une, sans vous brusquer. Lorsque vous aurez écrit tous les noms et toutes les situations, prenez le premier nom ou la première situation, lisez-la aux Anges et récitez ceci :

> *« Anges de l'amour, Ange Sitaël et Ange Aniel, aidez-moi à mettre fin à cette situation pénible que je vis présentement. Donnez-moi la force, le courage et la détermination de m'en libérer une fois pour toutes. Infusez en moi votre clé divine qui me permettra d'ouvrir toutes les portes qui me conduiront vers le chemin de la liberté, de la paix intérieure, de l'amour et de l'équilibre. »*

Ensuite, prenez le deuxième nom ou la première situation et répétez l'opération, et ainsi de suite.

Si l'opération vous semble difficile ou que vous versez des larmes en la faisant, arrêtez et recommencez le lendemain ou lorsque vous vous sentirez mieux. N'oubliez pas qu'il n'est jamais facile de mettre *fin* à des situations. Parfois, la peur de faire de mauvais choix peut vous affecter. Au départ, ce ne sera pas facile d'affronter ces souvenirs. De plus, pour mieux régler ces situations, vous devez les laisser refaire surface afin de les confronter et finalement les régler. N'oubliez pas que l'énergie de l'Ange Melahel vous permettra de trouver les meilleures solutions pour régler le tout à votre entière satisfaction.

Vingt-deux jours après le début du nettoyage, l'énergie des Anges Mitzraël et Eyaël entreront en jeu. Ceux-ci vous aideront à vous libérer de vos peurs. Ces Anges sont conscients que l'être humain ne peut avancer et être heureux lorsqu'il vit sous l'emprise des peurs. Leur mission sera de vous infuser leur Lumière de persévérance et de courage pour que vous puissiez confronter vos peurs et vous en libérer.

À partir de la 22ième journée, il serait important de prendre le temps d'écrire vos peurs. Il peut s'agir de la peur du noir, la peur de mourir, la peur de perdre votre conjoint, la peur de perdre un enfant, la peur de ne pas avoir assez d'argent, la peur du futur, etc. Écrivez toutes les peurs qui dérangent votre vie actuelle. Puis faites le procédé suivant :

Allumez votre chandelle, tout en récitant : « Que la Lumière des Anges de l'amour et des Anges Mitzraël et Eyaël soit présente dans cette pièce. » Prenez trois profondes respirations, puis expirez doucement.

Prenez ensuite votre cahier et inscrivez-y toutes vos peurs. Notez-y tout ce qui vous dérange et qui vous empêche de dormir. Prenez le temps d'écrire toutes vos peurs, une par une. Lorsque vous aurez écrit toutes vos peurs, choisissez-en une, lisez-la aux Anges et récitez ceci :

> *« Anges de l'amour, Ange Mitzraël et Ange Eyaël, je vous implore de me donner la force, le courage et la détermination de me libérer de cette peur qui hante ma vie. Infusez en moi votre Lumière divine qui me permettra de prendre ma vie en main et de me diriger avec confiance vers un avenir plus serein, prometteur et équilibré. Moi,* (votre prénom), *je veux rayonner de bonheur.»*

Faites de même pour chacune de vos peurs.

Si vous vous sentez incapable de poursuivre le processus, attendez à un autre jour, lorsque vous vous sentirez plus en mesure de compléter l'exercice. Ces peurs font parties de votre vie et il n'est pas facile de les confronter. Au départ, il vous sera peut-être pénible d'affronter vos peurs. Toutefois, lorsque le ménage sera entamé et terminé, vous serez envahi par un sentiment de légèreté et de fébrilité face à votre avenir.

Grâce à ce nettoyage, il vous sera permis de recommencer sur des bases plus solides et plus équilibrées. Vous serez en mesure de prendre votre vie en main et d'avancer vers une étape beaucoup plus heureuse et en harmonie avec vos plans et vos désirs.

Il est parfois préférable de faire un pas à la fois, mais de le faire dans la bonne direction. Les bénéfices de ce ménage en dépendront. De cette façon, vous n'aurez plus à revenir en arrière et vous avancerez sereinement vers un avenir prometteur. Même si cela vous prend un an ou deux, et même plus, pour abattre vos fantômes du passé, ne vous inquiétez pas. Quand tout sera réglé, vous ne retournerez plus en arrière et vous serez fier de tout ce que vous aurez accompli.

Après vingt-neuf jours ou lorsque tout votre travail sera terminé avec les Anges, prenez le temps de revoir tout ce que vous aurez inscrit dans votre cahier. Lisez lentement chaque situation. Je vous conseille de lire une inscription à la fois.

Avant de débuter, vous pouvez allumer votre chandelle et réciter :

> *« Que la Lumière de tous les Anges de l'amour soit présente dans cette pièce. »*

Prenez trois profondes respirations, puis expirez doucement.

Lisez la première émotion que vous avez écrite. Fermez les yeux, prenez une profonde respiration, expirez doucement. Relisez de nouveau cette émotion. Ressentez-vous encore des perturbations à la lecture de ce que vous avez écrit?

Si non, cela vous confirme que vous avez bel et bien réglé votre émotion et que celle-ci ne viendra plus vous déranger dans votre vie actuelle ni dans vos prochaines incarnations. Si cette émotion refait surface dans votre vie, vous serez en mesure de bien la contrôler et de vous en libérer rapidement, si évidemment, elle refait surface.

Toutefois, si à la lecture de cette émotion, vous éprouvez encore des sentiments, cela indique que vous n'avez pas tout à fait réglé cette émotion. Celle-ci doit être très importante et lourde sur vos épaules puisqu'elle vous possède encore. Vous êtes sous son emprise. Alors, il faut la nettoyer de nouveau et refaire l'exercice tant et aussi longtemps que vous ne ressentirez plus rien à la lecture de cette émotion.

Quand il y a une tache tenace, il faut la frotter, et à force de frotter avec persévérance, on parvient toujours à l'enlever ou du moins à l'atténuer. Il en est de même avec votre émotion. Il faut la nettoyer autant de fois qu'il le faudra. Le but est de ne plus ressentir de sentiment à la lecture de celle-ci. Si vous demeurez persévérant, vous y parviendrez!

Donc, à la lecture de chaque émotion ou situation, notez d'un astérisque (*) toutes celles qui vous dérangent encore. Lorsque vous aurez terminé, si vous vous sentez émotionnellement apte à entamer de nouveau le nettoyage, faites-le. Sinon, attendez de vous sentir prêt et suffisamment fort.

Avant de débuter le travail, repérez la situation ou l'émotion pour laquelle vous ressentez toujours des sentiments et identifiez les Anges qui peuvent vous aider. Supposons que votre émotion soit reliée à un traité de paix que vous avez fait. Lorsque vous lisez la phrase, vous ressentez encore des émotions. Puisque les Anges de l'amour collaborent avec l'Ange Haaiah en ce qui concerne les traités de paix, reprenez alors le procédé pour le traité de paix.

Voici un exemple.

Allumez votre chandelle, tout en récitant :

> *« Que la Lumière des Anges de l'amour et de l'Ange Haaiah soit présente dans cette pièce. »*

Prenez trois profondes respirations, puis expirez doucement.

Écrivez de nouveau le nom de la personne ou la situation qui vous dérange pour ce traité de paix. Récitez de nouveau :

> *« Anges de l'amour, Ange Haiah, j'aimerais faire un traité de paix avec* (nommez la personne). *Infusez en nous votre Lumière de paix et de respect. »*

Écrivez l'émotion et récitez maintenant ceci :

> *« Moi,* (votre prénom), *j'efface cette émotion de ma vie, je me libère immédiatement. »*

Tout en récitant ces paroles, prenez votre gomme à effacer et effacez l'émotion que vous avez inscrite.

Tant et aussi longtemps que vous ressentirez un sentiment vis-à-vis une émotion ou une situation que vous avez écrite, répétez le processus jusqu'à ce que cette situation ne vous dérange plus.

Ce grand nettoyage vous permettra de semer le bonheur et la joie autour de vous. Il vous redonnera le goût de vivre, d'être heureux et en harmonie avec tous les événements de votre vie.

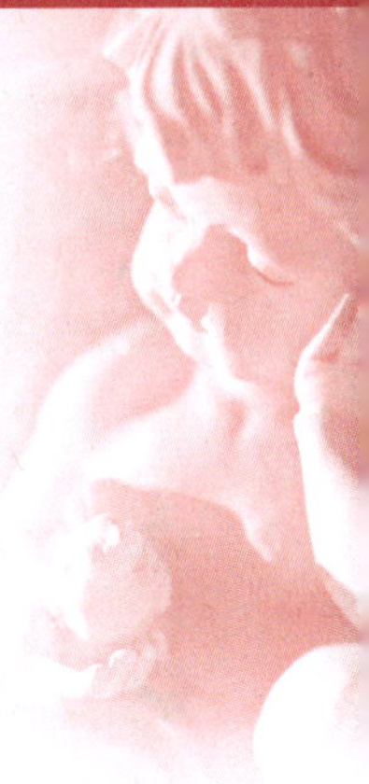

ATTIRER L'AMOUR

Exercice pour attirer un partenaire vers soi

Trouvez un objet en forme de cœur que vous pourrez porter sur vous. Il peut s'agir d'un petit cœur en étain, en or, en argent, en pierre polie, etc. Si vous choisissez en pierre, je vous conseille d'opter pour un quartz rose, puisque ses propriétés sont reliées à l'amour. Sinon, vous pourriez toujours prendre une épinglette représentant un Ange.

Demandez aux Anges Lelahel et Haamiah de purifier cet objet pour vous. Ensuite, portez-le. Ce cœur attirera les regards dans votre direction. De plus, l'énergie et la Lumière de Lelahel mettront en valeur votre beauté naturelle. Vous rayonnerez de l'intérieur et cela se reflétera à l'extérieur.

Si vous ne pouvez pas porter ce cœur sur vous, vous pouvez aussi l'insérer dans votre portefeuille ou dans la poche de votre pantalon, de votre veston, etc. Assurez-vous de le porter lorsque vous ferez des sorties et lors de rencontres.

Les bienfaits de ce cœur

Il vous rendra attrayant, jovial et rayonnant. Ce cœur attirera les personnes sujettes à vous rendre heureux et éloignera les personnes à problèmes. D'ailleurs, vous constaterez instantanément si la personne rencontrée est faite pour vous ou non. De plus, lors de rencontres, vous aurez des dialogues intéressants qui vous permettront de mieux connaître la personne rencontrée. Ces échanges permettront aussi à cette nouvelle rencontre de connaître la personne que vous êtes.

Sans doute, certaines personnes vous charmeront et vous désirerez les connaître davantage. N'oubliez pas que si ces personnes ne sont pas pour vous, les Anges vous le feront voir. Il n'en tiendra qu'à vous de décider si vous vous investissez davantage dans cette relation ou non.

Voici quelques scénarios qui pourraient survenir si cette personne n'est pas faite pour vous.

Si la personne n'est pas faite pour vous, les Anges vous enverront toutes sortes de signes pour que vous puissiez vous apercevoir que cette nouvelle rencontre ne vous est pas destinée. Si tel est le cas, il ne faut pas en vouloir aux Anges. N'oubliez pas que ceux-ci agissent pour votre bonheur.

Si vous êtes sous le charme d'une nouvelle rencontre et si vous espérez que cette personne soit votre partenaire idéal, alors les Anges analyseront la compatibilité entre vous. Si cette personne ne vous convient pas et si elle ne participe pas à votre bonheur, les Anges n'acquiesceront pas à votre demande. Ils utiliseront plusieurs situations pour vous permettre de voir que cet être n'est pas votre partenaire idéal et qu'il ne peut pas vous rendre heureux.

Pour mieux comprendre les signes des Anges, voici un aperçu des situations qui pourraient vous avertir que cette nouvelle rencontre n'est pas bonne pour vous.

Si la personne rencontrée est indifférente à votre charme et aux sentiments que vous éprouvez envers elle, cette union n'est pas pour vous. Par cette situation, les Anges vous avertissent que si vous continuez dans la relation, cette personne ne pourra pas vous dire « *je t'aime* ». Il s'agit peut-être d'une relation amicale ou sexuelle, mais pas amoureuse.

Si la personne ne vous parle que de son passé, ça signifie qu'elle aura de la difficulté à avancer et à s'épanouir dans la relation, puisqu'elle n'a pas mis un terme à son passé qui risque de nuire grandement à votre union. Vous pouvez toujours prier les Anges de lui venir en aide.

Si la personne annule des rendez-vous et ne répond pas toujours à vos appels, voyez-y le signe que cette personne n'est pas prête à entamer une relation stable. Vous pourriez mettre beaucoup d'énergie dans cette relation, mais vous n'en retirerez à la fin que de l'épuisement.

Si la personne parle souvent de l'importance de sa famille, il y a de fortes chances que sa famille passe toujours au premier plan, avant vous. Avec le temps, cela pourrait engendrer des problèmes dans votre relation.

Si la personne ne parle que de problèmes ou qu'elle ne cesse de parler contre ses anciens partenaires de vie tout en les abaissant, comprenez que cette personne cache un problème personnel. Il peut s'agir d'un problème de boisson, de drogue, de jeu, de jalousie, etc. Avant de vous engager dans cette relation, allez à la source et jouez au détective. Posez-lui des questions directes; si elle fuit vos questions, vous comprendrez qu'un défaut est enfoui et qu'il ressortira un jour ou l'autre.

Si la personne ne parle que de ses prouesses sexuelles et de ses relations sexuelles avec ses anciens partenaires, elle ne vous ouvrira pas son cœur. Elle ne cherche pas l'amour. Elle cherche le plaisir. Si vous essayez de la changer, ce sera un travail de très longue haleine, et au bout de la ligne, vous sortirez perdant et épuisé de cette relation.

Si la personne n'écoute pas vos suggestions, qu'elle vous suggère toujours son idée ou qu'elle essaie de changer vos plans, elle vous dominera et elle ne sera pas à l'écoute de vos besoins. Au début, cela peut être agréable de la voir s'investir dans la relation, mais à la longue, vous ne serez plus maître de votre vie et ça vous dérangera.

Tous les scénarios précédents se préciseront au début de la relation. Si, après quelques rencontres, la personne cherche à s'améliorer et parvient à changer, il n'en tiendra qu'à vous de décider si vous continuez ou non la relation.

Les Anges de l'amour affirment que, lors d'une première rencontre, les personnes doivent avoir du plaisir, rire toute la soirée, dialoguer sur des sujets qui les passionnent et passer du bon temps ensemble. Lorsqu'on est en bonne compagnie, on ne voit pas le temps passer. Tel est le message que vous envoient les Anges. Si vous n'avez pas vu le temps passer, alors il serait opportun de donner suite à cette rencontre. Ne vous immiscez pas dans la vie de l'autre au début. Attendez que cette personne vous ouvre sa porte. Bref, apprenez à vous connaître, passez de bons moments ensemble. Si ça devient sérieux, vous aurez bien le temps de parler de vos vies personnelles.

Comment purifier votre pendentif en forme de cœur

Prenez votre pendentif dans la paume de votre main. Demandez aux Anges Lelahel et Haamiah de purifier votre pendentif pour vous. Récitez les paroles suivantes pendant neufs jours consécutifs; à la dixième journée, portez le pendentif sur vous.

> Ô Vous, Anges de l'amour,
>
> Je vous demande de purifier ce ... (cœur, pendentif, etc. bref, nommez votre objet) pour attirer l'amour vers moi.
>
> Vous, Fidèles Serviteurs de Dieu,
>
> Infusez à ce ... (cœur, pendentif, etc. bref, nommez votre objet) votre Lumière divine.
>
> Je vous rends grâce des bienfaits que votre Lumière lui apportera.
>
> Merci (ou Amen)

Vous pouvez faire cet exercice autant de fois que vous le désirez. Toutefois, n'oubliez pas qu'il faut toujours réciter cette prière pendant 9 jours avant de porter l'objet sur vous.

Vous pouvez aussi insérer l'objet, à tous les soirs, dans une petite pochette que vous aurez purifié en même temps que votre pendentif. Ainsi, il pourra s'écouler jusqu'à un an avant que vous sentiez le besoin de purifier à nouveau vos objets.

Lors de sorties spéciales, portez le pendentif sur vous. L'énergie qui s'en dégagera mettra votre beauté en évidence. Vous serez rayonnant et bien dans votre peau. Les gens vous complimenteront sur votre personnalité, sur votre tenue vestimentaire, etc. Toutes ces belles remarques rehausseront votre estime personnelle.

Exercice pour dévoiler votre prochain partenaire par le rêve ou la méditation

Si vous désirez voir votre prochain partenaire, il vous est permis de le faire avec l'aide des Anges. Ceux-ci vous enverront son image par le biais du rêve. Pour cet exercice, le magnifique Ange Lauviah II viendra prêter main forte à l'Ange Haamiah pour qu'elle puisse vous envoyer l'image de votre prochain partenaire dans un rêve ou durant une méditation.

Avant de vous coucher, prenez votre petit cœur que vous avez fait purifier par les Anges de l'amour. Frottez-le dans vos mains et demandez à l'Ange Haamiah de vous montrer, dans un rêve, votre prochain partenaire de vie. Ensuite, placez votre petit cœur sous votre oreiller.

Durant la nuit, vous rêverez à une personne qui vous tendra la main pour vous aider à escalader une marche ou à vous rendre quelque part. Lorsque cette personne vous touchera, vous sentirez de fortes émotions à l'intérieur de vous. Cette personne représente votre prochain compagnon de vie.

À votre réveil, il y a de fortes chances que vous ne vous souvenez plus de son visage, mais vous aurez une idée de sa personnalité ou de son physique. Si tel est le cas, ne vous inquiétez surtout pas, c'est normal. Les Anges ne veulent pas influencer vos choix ni vous embrouiller, c'est pourquoi le visage de cette personne sera flou à votre réveil. Toutefois, lorsque cette personne se présentera à vous dans la vie réelle, votre cœur vous en avertira. Vous pourriez même avoir le sentiment de l'avoir déjà vue quelque part. Effectivement, vous l'aurez vue dans vos rêves!

Vous pouvez faire le même scénario lors d'une méditation. Trouvez un endroit calme et confortable. Si vous le désirez, vous pouvez allumer une chandelle en récitant :

> *« Que la Lumière des Anges de l'amour soit en ce lieu ».*

Vous pouvez aussi écouter une musique de détente. Frottez votre petit cœur et demandez à l'Ange Haamiah de vous montrer votre prochain compagnon de vie. Conservez votre cœur sur vous ou dans vos mains. Fermez les yeux et prenez trois profondes respirations, puis expirez doucement. Lorsque vous aurez chassé vos idées humaines et que vous ferez place à la méditation, vous commencerez à voir des images. L'une d'elles sera celle de votre partenaire. Ne soyez pas surpris de voir son visage venir vers vous, ce qui peut vous faire sursauter tellement l'image risque d'être réelle. Instinctivement, vous risquez d'ouvrir vos yeux. Si cela se produit, ne vous inquiétez pas, vous aurez l'occasion de le revoir.

Quel est le rôle de l'Ange Lauviah II lors de cet exercice?

Le surnom de l'Ange Lauviah II est : « Ange révélateur du futur », car elle est l'Ange qui peut révéler le futur à travers les rêves et les symboles. Sa mission est d'envoyer des rêves révélateurs à ceux qui le lui réclament. Telle sera sa participation à votre demande.

Exercice pour découvrir si vous êtes compatible avec une autre personne

Pour connaître votre compatibilité avec une personne, il suffit simplement d'écrire son nom et le vôtre. Si vous possédez sa photo, collez-la à l'une de vos photos. Si vous possédez une photo de vous deux ensemble, c'est encore mieux. Tenez les photos ou la feuille avec les noms dans vos mains et demandez aux Anges de l'amour :

> *« Anges de l'amour, sommes-nous compatibles moi et* (nommez la personne) *pour établir une relation amoureuse* (ou amicale) *? »*

Tout au long de la semaine, les Anges de l'amour vous enverront des indices ou des signes qui répondront à votre demande. Ces Êtres vous feront prendre conscience des paroles et des gestes de cette personne envers vous. Par sa conduite et par son comportement, il vous sera facile d'analyser la compatibilité entre vous deux.

Voici deux des signes préférés des Anges. Premièrement, la personne concernée vous révélera qu'elle a souvent pensé à vous et que vous occupez régulièrement ses pensées! Si tel est le cas, c'est signe d'une belle complicité et d'une bonne compatibilité.

Deuxièmement, lorsque vous serez ensemble, la personne complètera vos phrases avant que vous ayez le temps de les terminer. Bref, vous penserez tous les deux à la même chose en même temps. C'est un autre signe d'une belle complicité et d'une bonne compatibilité.

Il est évident que si vous faites cet exercice, vous devez accepter la réponse qui suivra.

Pour permettre aux Anges de l'amour de vérifier votre compatibilité avec la personne mentionnée, ceux-ci travailleront en collaboration avec l'Ange Umabel.

Quel est le rôle de l'Ange Umabel lors de cet exercice ?

L'une des spécialités de l'Ange Umabel est de vérifier si deux personnes sont compatibles. Il peut s'agir de l'amour, de l'amitié, des affaires, de la spiritualité, etc. Sa mission est d'éviter des déceptions amoureuses, amicales, professionnelles, etc. Il est un Ange de douceur et de tendresse. Il ne peut voir l'être humain malheureux à cause d'un mauvais choix. Il n'aime pas que l'être humain dépense de belles énergies dans des relations sans issue. Alors, il fera tout ce qui lui est permis de faire pour le réveiller, le conscientiser et le guider vers des relations plus harmonieuses et enrichissantes.

Exercice pour connaître les intentions des personnes côtoyées ou désirées

Inscrivez sur des bouts de papier les noms des nouvelles personnes rencontrées ou des personnes pour lesquelles vous avez de l'intérêt. Vous pouvez aussi écrire les noms de vos anciens partenaires, si vous le désirez. Si vous avez des photos de ces personnes, vous pouvez les utiliser pour faire cet exercice. Le but de cet exercice est de demander aux Anges de l'amour si vous pourriez développer une relation amoureuse et durable avec les personnes mentionnées. Placez les noms dans une boîte ou dans l'un de vos tiroirs de commodes. Ensuite, demandez aux Anges de l'amour de connaître les intentions de ces personnes envers vous. Vous pouvez aussi leur demander s'il y a possibilité d'une relation amoureuse. Lelahel et Haamiah enverront sur votre chemin des situations qui vous permettront de mieux connaître les intentions de ces nouvelles rencontres.

Vous pouvez aussi prendre l'un des noms (ou la photo correspondante) et demandez aux Anges de l'amour de vous révéler les intentions de cette personne uniquement. Tout au long de la semaine, ces magnifiques Anges vous enverront des événements et des situations qui vous permettront de mieux connaître les intentions de cette personne. Vous pourriez recevoir des nouvelles directement de cette personne, comme vous pourriez recevoir des nouvelles de cette personne par une tierce personne. Ces nouvelles vous révéleront son intention envers vous. Il peut s'agir de l'amitié, comme de l'amour. Si vous n'êtes pas prêt à accepter la réponse, ne faites pas cet exercice. Toutefois, si la réponse vous déçoit, vous pouvez toujours demandé aux Anges de vous aider à l'accepter.

Si vous le désirez, vous pouvez aussi placer un nom ou une photo sous votre oreiller. L'Ange Haamiah vous permettra de rêver de cette personne. Il vous sera permis de voir ses intentions par le biais du rêve. Vous n'avez qu'à demander aux Anges de l'amour de voir par la méditation les intentions de cette personne.

Exercice pour connaître les sentiments d'un partenaire ou d'une autre personne envers vous

Pour connaître les sentiments de votre partenaire ou d'une personne en particulier, tenez une photo de cette personne dans vos mains et demandez aux Anges de l'amour : « Anges de l'amour, j'aimerais connaître les sentiments de *(nommez la personne)* envers moi. » Si vous n'avez pas de photo, vous pouvez toujours écrire le nom de la personne concernée et déposer la feuille dans une boîte ou dans le tiroir d'une commode.

Lorsque vous réciterez la phrase mentionnée, la magie débutera. Dans la semaine suivante, vous verrez votre conjoint sous son vrai jour. Vous découvrirez ses sentiments envers vous. Si l'amour est toujours vivant en lui, il sera très attentif à vos besoins. Vous aurez des dialogues intéressants. Vous retrouverez votre candeur des premières rencontres. Toutefois, s'il n'éprouve plus aucun sentiment à votre égard, vous le comprendrez rapidement. Il sera évasif, distant, et il ne portera pas attention à vous. Bref, il sera indifférent à vos demandes. À la suite de cet exercice, il n'en tiendra qu'à vous de décider si vous continuez la relation ou pas.

Il est important de faire cet exercice pour mieux vous rapprocher de votre partenaire ou pour mieux prendre une décision en ce qui concerne votre relation. Si vous faites cet exercice pour mieux lui jeter au visage son indifférence, les Anges de l'amour ne vous aideront pas.

De plus, si dans le fond de votre cœur vous ne voulez pas vraiment connaître les sentiments de l'autre, ou si cela vous fait mal, attendez d'être plus fort émotionnellement et mentalement pour demander cette information. Par contre, si vous devez prendre une décision à savoir si vous devez continuer votre relation, l'exercice pourra vous aider à mieux vous situer. N'oubliez pas que les Anges de l'amour veulent vous aider à mieux connaître les sentiments de ceux qui vous entourent, mais leur mission n'est pas de vous blesser. Ils souhaitent tout simplement vous révéler la vérité pour votre bien-être. Bref, si vous êtes de nature jalouse, craintive ou dépressive, ne faites pas cet exercice.

De plus, si vous n'obtenez aucune réponse, c'est que les Anges de l'amour ne vous sentent pas prêt à recevoir la réponse. Il faudra les respecter dans leur choix. Cela ne veut pas dire non plus que votre partenaire ne vous aime pas, au contraire, peut-être que vous n'êtes pas assez réceptif ou que vous êtes trop dans une énergie négative qui dérangera votre vision et votre union actuelle.

Pour bien répondre à votre questionnement, les Anges de l'amour travailleront en collaboration avec l'Ange Haaiah.

Quel est le rôle de l'Ange Haaiah lors de cet exercice ?

L'une des spécialités de l'Ange Haaiah est de révéler les sentiments qui vous lient à votre partenaire amoureux, à vos amis, à vos collègues de travail, etc. Elle est un Ange révélateur. Sa mission est de vous guider vers le chemin du bonheur et de la paix intérieure.

Exercice pour démêler les émotions

Lorsque vos émotions sont perturbées, il est difficile de voir les événements tels qu'ils sont et de prendre une décision juste. Les émotions embrouillent souvent les pistes et peuvent parfois créer des illusions. C'est pourquoi, avant de prendre une décision, de dire des paroles ou de poser des gestes que vous pourriez regretter par la suite, il est conseillé de poser une question aux Anges de l'amour. Par exemple : « Est-ce que (*le nom de la personne*) est le bon partenaire pour moi ? », « Est-ce que je devrais quitter ma région pour m'établir dans celle de mon nouveau partenaire? », « Devrais-je quitter mon partenaire ou lui laisser une seconde chance? », etc. Toutes ces questions sont parfois très difficiles à répondre puisqu'il y a beaucoup d'émotions les entourant.

De plus, l'être humain a tellement peur de faire des mauvais choix qu'il reste immobile; il stagne dans son évolution, et mille et un problèmes peuvent surgir par la suite. Pour éviter ce genre de scénario, il vous est permis de demander aux Anges de l'amour de vous aider. Demandez-leur de vous révéler la réponse à l'une de vos questions.

Pour ce faire, choisissez un endroit calme. Si vous le désirez, allumez une chandelle rose ou rouge pour représenter l'amour. Vous pouvez aussi utiliser une chandelle blanche. En allumant votre chandelle, récitez ceci :

> *« Que la Lumière des Anges de l'amour soit en ce lieu ».*

Inscrivez sur un bout de papier votre question. Récitez-la à voix haute et dites aux Anges de l'amour que vous apprécierez obtenir la réponse à cette question. Demandez-leur de vous répondre le plus rapidement possible. Déposez ensuite votre papier sous votre oreiller, sur la table de chevet, dans votre portefeuille, dans une boîte ou dans l'un de vos tiroirs de commode.

Si vous la placez sous votre oreiller, les Anges de l'amour vous enverront votre réponse par un rêve. Ils vous dévoileront des symboles qui seront faciles à déchiffrer. Vous pourriez aussi vous réveiller avec votre réponse en tête. Tout se dessinera devant vous et tout sera évident. Vous saurez exactement comment réagir par rapport à votre questionnement.

La mission des Anges de l'amour sera de vous envoyer la réponse par un membre de votre entourage. Ils peuvent aussi l'envoyer par la télévision, le journal, etc. Sachez que les Anges de l'amour trouveront un moyen de vous faire parvenir votre réponse; toutefois, vous devez être attentif aux signes qu'ils vous enverront. Pour mieux déceler leur réponse, précisez la façon ou la personne par laquelle vous aimeriez recevoir la réponse. De cette façon, il vous sera plus facile de reconnaître votre réponse. La personne vous appellera, et tout en conversant avec vous, elle vous donnera inconsciemment la réponse que vous cherchez.

Lors de cet exercice, les Anges de l'amour travailleront en collaboration avec l'Ange Yerathel.

Quel est le rôle de l'Ange Yerathel lors de cet exercice ?

L'une des spécialités de l'Ange Yerathel est de répondre à toutes les questions qui hantent l'être humain. Il lui est difficile de voir l'être humain anxieux et incertain de son futur. De plus, cet Ange a comme mission de vous aider à apprécier ce que vous possédez et à mieux comprendre que seul le temps arrange les choses.

Lors de cet exercice, grâce à la Lumière de ces magnifiques Anges, il vous sera permis de mieux comprendre le sens de votre vie et les raisons qui vous amènent à vous poser autant de questions sur votre vie amoureuse. Ne soyez pas surpris d'en arriver à connaître les réponses à vos propres questions. Ce sera comme une révélation qui se manifeste et qui vous permet d'être conscient de vos événements, de vos émotions et de votre vie.

LES PROBLÈMES DANS LE COUPLE

Il n'est pas facile de réussir sa vie amoureuse de nos jours. Plusieurs défis se dressent devant les couples amoureux. Pour parvenir à surmonter ces défis, les couples doivent axer leur vie vers le dialogue et le partage; ils doivent s'alimenter d'amour, de respect, de loyauté, de persévérance et d'indulgence vis-à-vis les faiblesses du partenaire et certaines situations problématiques. Lorsqu'ils y parviennent, leur union se solidifie.

Par contre, ceux qui se laissent emporter par les défis, ceux qui rejettent le blâme sur leur partenaire et qui ne font rien pour remédier à la situation, verront leur union se détériorer à la longue. La flamme du désir s'estompera. Certains chercheront à quitter leur partenaire, d'autres vivront des aventures. Avec le temps, des sentiments d'Ombre envahira leur union, comme la haine, la déception, le dégoût, etc. Cela affectera même leur désir sexuel. Au lieu de dialoguer, ces êtres crieront leur amertume et se déchireront avec des mots blessants.

Il est vrai que les problèmes peuvent être nombreux : les finances, les enfants, la famille, le travail, etc. Mais si un couple ne prend pas le temps de les régler ou de s'épauler lors de périodes plus ardues, tous ces problèmes peuvent anéantir une vie de couple et amener les partenaires à vouloir se quitter ou à éprouver des sentiments de haine l'un envers l'autre.

Pour parvenir à régler leurs problèmes, il est important que les deux partenaires y consacrent du temps et de l'énergie. Il est primordial de dialoguer, d'être patient, de faire preuve de compréhension et de témoigner de l'amour pour parvenir à surmonter les tempêtes de la vie. Lorsque les partenaires se sentent épaulés, ils peuvent parvenir à trouver une solution ou un terrain d'entente qui leur permettra de bien s'en sortir.

Avant chaque discussion, prenez le temps d'analyser votre vie. Prenez le temps d'analyser vos lacunes. Établissez les priorités à discuter avec le partenaire. Écrivez-les. Ainsi, vous ne perdrez pas le fil de vos pensées lorsque vous discuterez avec votre partenaire. Si, pour une raison ou une autre, votre partenaire déteste les discussions, demandez-lui d'écrire son avis ou de les enregistrer. Essayez de tout faire pour parvenir à une entente. Sinon, il est important de demander l'aide de personnes compétentes qui sauront bien vous guider dans votre désarroi.

Avant d'entamer des procédures qui pourraient être très déchirantes, assurez-vous d'avoir tout entrepris pour parvenir à éviter une séparation ou un conflit avec votre partenaire. Si, après plusieurs tentatives sans succès, vous décidez de mettre fin à votre relation, assurez-vous de le faire dans une ambiance saine pour éviter de vous déchirer mutuellement. Consultez un médiateur qui saura bien vous diriger lors de votre séparation.

Lors de périodes difficiles et émotives, n'oubliez pas qu'il y a toujours les Anges à vos côtés. La prière est un excellent remède à vos maux émotionnels. La mission des Anges sera de vous aider à trouver de bonnes solutions pour que vous et votre partenaire puissiez retrouver le chemin de la sérénité et du bonheur. La prière et les Anges sont parmi vos meilleurs outils. En récitant une prière et en vous adressant aux Anges, un baume descend sur vos douleurs, et vos peines s'estompent en douceur. Lorsque vous priez les Anges, ceux-ci envoient sur votre chemin plusieurs personnes pour vous aider et vous épauler dans vos épreuves. Ces personnes vous aideront à trouver les meilleures solutions et les meilleurs chemins pour que vous puissiez retrouver rapidement la paix, la sérénité et l'équilibre. Telle sera la mission des Anges envers vous : placer sur votre chemin des situations agréables qui rehausseront vos énergies et des personnes ressources qui vous aideront à reprendre le chemin de l'équilibre et de la joie de vivre.

Puisque l'amour est primordial dans la vie de l'être humain et que la vie familiale y occupe une place importante, Dieu a donné à l'Ange Mihaël une mission très importante, celle de prendre soin des couples et de la famille. Que ce soit pour protéger un couple contre les intempéries de la vie, pour protéger l'amour d'un couple, pour bâtir un foyer et fonder une famille, pour protéger la famille, pour se réconcilier avec un membre de la famille, pour recomposer la famille, il faudra faire appel à ce magnifique Ange qu'est Mihaël. Celui-ci revitalisera votre bonheur. Il illuminera votre foyer et votre couple en y infusant sa Lumière de paix et de sérénité.

Rappel

Mihaël est aussi une aide précieuse pour les enfants qui vivent la séparation de leurs parents ou des scènes de disputes.

Mihaël, ce « Dieu secourable », aide les humains avec leurs besoins émotionnels. Cet Ange n'est pas grand, mais il prend beaucoup de place. Ses ailes sont immenses et massives, car il vous prend dans ses bras pour vous caresser et pour vous donner l'amour, le bonheur et la paix dont votre cœur a tant besoin. Ses ailes sont d'un blanc magnifique et elles sont entourées d'étincelles de Lumière. Ces ailes sont comme le reflet du soleil sur la neige.

Dieu a nommé ce bel Ange Mihaël, « l'Ange de la famille et du bonheur conjugal». Sa mission est de favoriser la paix, l'harmonie et l'amour dans le couple. Cet Ange n'aime pas voir les couples se déchirer par des paroles ou des gestes blessants, surtout devant les enfants qu'ils chérissent. C'est la raison pour laquelle il est recommandé de le prier lors d'une période difficile sur le plan conjugal. Cet Ange de la famille fera tout pour que la paix revienne dans votre union et que la séparation soit évitée.

Lorsqu'on prie Mihaël, celui-ci cherchera à exaucer rapidement votre vœu, surtout si ce vœu concerne votre famille et votre bonheur conjugal. Il illuminera votre vie, votre route, votre cœur et votre foyer.

Lors de situations problématiques, l'Ange Mihaël aime bien travailler de concert avec l'Ange Achaiah. On les surnomme « les Anges des problématiques ». Ces Êtres de Lumière feront tout pour vous secourir dans votre détresse.

Les bienfaits de la Lumière de l'Ange Achaiah est de vous donner le courage nécessaire pour bien régler un problème, et ce, dans la paix et l'harmonie. Lorsque vous devez consulter un médiateur, en cas de mésentente ou de séparation, cet Ange vous permettra d'être en contrôle de vos émotions pour que vous puissiez régler le tout dans le calme et l'harmonie. Si vous devez jouer le rôle de médiateur en cas de querelle, sa Lumière vous aidera à être bon, équitable, impartial et juste.

Plusieurs Anges collaboreront avec Mihaël et Achaiah pour vous secourir dans vos problématiques. Grâce à leur mission et aux bienfaits de leur Lumière, ceux-ci parviendront à vous secourir dans votre détresse. Il suffit de les prier.

Voilà l'importance de prier ces Êtres de Lumière, si vous devez régler une situation conflictuelle.

Message des Anges

Chers enfants, lorsque vous êtes à une croisée de chemins et que vous ne savez plus quoi faire, priez-nous. Nous travaillerons de concert avec vous pour vous aider à vous retrouver et à reprendre le chemin du bonheur. Pour ce faire, nous guiderons vos pas vers des chemins lumineux, des chemins qui rayonnent la joie de vivre. N'oubliez jamais que nous accomplissons des miracles ! Il suffit de nous le demander.

Voyons quelques problèmes reliés aux couples.

La jalousie

Les Anges affirment que la jalousie détruit complètement les personnes concernées par ce sentiment, autant celles qui sont jalouses que celles qui en sont victimes. Ce sentiment est néfaste pour les deux personnes. Ce sentiment dévastateur détruira leur relation.

Il est important que le partenaire jaloux demande de l'aide et consulte un thérapeute qui l'aidera à surmonter ce sentiment destructif. Il en est de même pour la personne qui subit la jalousie du partenaire. Il est important de demander de l'aide pour être soutenu moralement, pour aider votre partenaire à se libérer de ce sentiment ou pour quitter ce partenaire sans qu'il y ait de représailles.

N'oubliez pas que la prière peut aussi vous donner la force de vous prendre en main et de vous diriger vers les bons endroits et les bonnes personnes pour vous aider à surmonter ce défi de taille.

Sachant que ce sentiment d'Ombre peut détruire l'être humain, Dieu a donné la mission aux Anges Lauviah I et Yerathel d'aider celui ou celle aux prises avec cette émotion. Ces Anges travailleront en collaboration avec les Anges Mihaël et Achaiah pour vous venir en aide et pour vous libérer de ce sentiment qui vous détruit et qui détruit votre relation. La Lumière de ces Anges vous permettra de vous en libérer et de retrouver votre voie, votre Lumière. En retrouvant votre voie, vous retrouverez l'équilibre et la stabilité. Vous vous retrouverez et il vous sera plus facile d'être heureux et en harmonie avec votre vie.

La Lumière de l'Ange Lauviah I aidera l'être humain aux prises avec ce sentiment atroce à s'en libérer et à avoir confiance en lui. Cet Ange enverra sur son chemin une personne, une situation ou une technique qui l'aidera à se libérer de ce sentiment qui le ronge à l'intérieur.

La Lumière de l'Ange Yerathel permettra aux êtres jaloux de s'aimer, d'aimer convenablement leur partenaire, d'aimer comme il se doit et d'aimer tout simplement dans le respect mutuel.

Si vous êtes aux prises avec ce sentiment destructif qu'est la jalousie, un travail de longue haleine est nécessaire puisqu'il faut aller à la source du problème pour pouvoir s'en guérir. N'oubliez pas qu'il existe aussi plusieurs thérapies médicales qui peuvent vous venir en aide. N'hésitez jamais à consulter une personne spécialisée pour vous aider à améliorer votre qualité de vie. Votre bonheur en dépend!

Message des Anges

Chers enfants, ne perdez pas espoir de vous guérir; n'oubliez pas que l'espoir nourrit et guérit. Ayez confiance qu'un nouveau jour se lèvera très bientôt pour vous et nous guiderons vos pas vers ce nouveau jour! Travaillons ensemble, vous et l'équipe Angélique. Relevons ce défi de taille. Pour ce faire, il suffit de nous accueillir dans votre demeure et de nous laisser une place dans votre cœur.

Les dépendances

Toute dépendance dont peut souffrir une personne engendre souvent des problèmes majeurs au sein de sa relation. Ces situations provoquent des querelles parfois déchirantes, autant pour l'un que pour l'autre des partenaires. La personne aux prises avec ces problèmes se camoufle souvent dans toutes sortes de scénarios pour éviter qu'on le remarque. À force de se camoufler, cela l'amène à consommer davantage. Il devient très vulnérable à la moindre remarque de son partenaire. Ses humeurs sont changeantes. Il est incapable d'admettre son problème, et pour éviter les querelles avec le partenaire, il cherchera à s'en sortir en lui racontant toutes sortes de mensonges. Il lui fera des promesses sans lendemain.

Lorsqu'il y a un problème de dépendance au sein d'une relation, il n'est jamais facile d'y faire face et surtout de le régler pour le bien de tous. Il faut beaucoup de patience, d'amour, de tendresse et de compréhension pour parvenir à se libérer de ce problème. Pour bien le surmonter et pour mieux s'en libérer, il est primordial que les partenaires s'entraident et qu'ils empruntent toutes les avenues possibles pour régler ce problème. Il ne faut pas oublier que c'est un défi de taille à surmonter. C'est la raison pour laquelle il est important de prier les Anges pour qu'ils vous donnent la force de continuer à vous battre pour gagner cette bataille. La prière aidera le couple à mieux affronter leur problème, à l'analyser et à trouver la meilleure solution pour que la paix revienne dans leur foyer.

La force de la prière aidera la personne aux prises avec ce problème d'en être conscient et d'être conscient du tort qu'il fait autour de lui. De plus, en priant les Anges, ceux-ci lui donneront la force et le courage d'affronter sa dépendance et de s'en libérer une fois pour toutes et ce, pour son bien-être personnel et pour le bien-être de son entourage.

Il est évident que si une personne aux prises avec une dépendance ne veut pas s'en libérer, les Anges n'auront pas d'autres choix que d'accepter sa décision. Toutefois, les Anges donneront la force et le courage à son partenaire soit de l'aider dans son épreuve, si tel est son désir, soit de le quitter dans une ambiance saine, sans qu'il y ait trop de séquelles.

Pour bien relever ce défi de taille, les Anges Mihaël et Achaiah collaboreront avec les Anges Sitaël, Veuliah et Aniel pour venir en aide aux partenaires aux prises avec une dépendance. Telle sera la mission des Anges : vous faire prendre conscience de votre dépendance et de ses conséquences sur vous-même et sur votre relation. Lorsqu'on est conscient et qu'on admet que cette dépendance est en train de détruire la relation, on est plus sujet à s'en sortir et à s'en libérer.

La Lumière de l'Ange Sitaël donnera au dépendant la volonté de se sortir de son problème et d'éviter les excès.

La Lumière de l'Ange Veuliah vous aidera à surmonter vos vices intérieurs auxquels vous êtes enchaînés et qui vous empêchent de vous épanouir. Veuliah vous donnera la force et le courage de les affronter et de vous en libérer une fois pour toutes. De plus, Veuliah nettoiera votre plexus solaire de vos émotions négatives. Selon Veuliah, un problème ou un défaut que vous ne voulez pas confier à qui que ce soit, ou que vous ne voulez pas vous avouer, a un impact sur vos émotions et sur votre plexus solaire.

La Lumière de l'Ange Aniel est de vous donner le courage de ne pas succomber à la tentation de vos faiblesses. Sa mission est de briser le cercle de votre routine pour que vous puissiez trouver une activité qui vous permettra de vous éloigner de vos faiblesses. Sa Lumière vous changera les idées et elle vous permettra de vaquer à des tâches qui vous apporteront de la satisfaction et un bien-être intérieur.

Message des Anges

Chers enfants, mettre fin à une dépendance, c'est se libérer. En étant libre, vous resplendirez d'amour et de bien-être. Vous savourerez la vie à sa pleine capacité! Aujourd'hui, faites un pas dans la bonne direction, vers la liberté. Nous, l'équipe Angélique, nous unissons à vous. Fermez les yeux et sentez les battements de nos ailes vous envelopper de notre amour et de notre foi. Nous vous infusons notre Lumière de force et de détermination pour vous aider à relever ce défi de taille qui vous empêche de vous épanouir et d'être heureux. Nous avons foi en vos capacités de réussir. Ayez foi en vous, ayez foi en nous. Ensemble, nous formons la réussite, nous formons la liberté. Nous vous libérerons. Nous vous guérirons. Nous vous rendrons heureux. Maintenant, renouez avec la vie !

Le mensonge

Le mensonge peut détruire et déranger énormément la confiance du partenaire. À la longue, cela peut causer plusieurs problèmes dans l'union. Les Anges affirment qu'il est important d'être franc avec le partenaire. Essayez de trouver un terrain d'entente au lieu de camoufler la vérité. Il arrivera toujours un temps où la vérité sortira et il sera très pénible pour le partenaire victime de mensonge d'apprendre la vérité par une tierce personne.

La mission des Anges sera de vous faire prendre conscience de vos actes et de leurs conséquences lorsqu'ils seront révélés. Il n'en tiendra qu'à vous de décider si vous continuez dans cette même énergie catastrophique qui, à la longue, vous détruira et détruira votre relation, ou si vous agissez en conséquence en révélant la vérité ou en prenant des décisions importantes pour éviter de raconter toutes sortes de balivernes.

Pour vous aider à révéler la vérité et prendre conscience de l'impact que cause vos mensonges, les Anges Mihaël et Achaiah collaboreront avec les Anges Lauviah I, Yezalel et Pahaliah. Toutes ces magnifiques Lumières prônent la vérité et on les nomme « les Anges de la vérité ». En les priant, ils vous donneront le courage de dire la vérité et de bien vous exprimer pour ne pas engendrer des peines inutiles. Ces Anges affirment que le mensonge est un sentiment négatif qui peut vous détruire et qui peut aussi détruire de belles relations. Il serait important pour tous ceux qui en sont conscients de s'en libérer.

Si un mensonge pèse lourd sur vos épaules et que vous aimeriez le partager avec votre partenaire, les Anges de la vérité vous donneront la force et le courage de bien formuler la vérité et de bien exprimer vos émotions. Même s'il est parfois pénible de dire la vérité, du moins, vous l'aurez fait et cet acte d'honnêteté pourra jouer en votre faveur vis-à-vis votre partenaire. En vous confiant à votre partenaire, vous lui permettez de mieux comprendre les raisons qui vous ont amené à agir de la sorte. Après, il y a de fortes chances qu'ensemble, vous parveniez à trouver un terrain d'entente qui vous permettra de retrouver votre harmonie conjugale. Il est parfois plus facile de pardonner un mensonge lorsque c'est le partenaire fautif qui l'avoue que de l'apprendre par une tierce personne. Il est évident que ce mensonge causera des blessures; toutefois, la blessure est davantage intense quand c'est une tierce personne qui révèle la vérité. Bref, cela est dévastateur pour la victime et celle-ci aura de la difficulté à s'en remettre et surtout à vous pardonner.

La Lumière des Anges Lauviah I, d'Yezalel et de Pahaliah vous aidera à parler honnêtement. La force de leur Lumière vous fera prendre conscience du danger que votre mensonge peut causer à vous, à votre partenaire et à votre relation. De plus, ces Êtres de vérité vous feront prendre conscience qu'il est important d'assumer les conséquences que peuvent engendrer le mensonge.

Avant de prononcer un mensonge, ces Anges vous invitent donc à réfléchir aux phrases suivantes : « Suis-je apte à affronter mon partenaire si la vérité est dévoilée? » « Si mon partenaire venait à me quitter, est-ce que ça me dérangerait? » « Serait-il mieux de me taire que de dire un mensonge? » « Si, moi, j'étais victime de ce mensonge, comment le prendrais-je? »

À la suite de cette analyse, il n'en tiendra qu'à vous d'agir en conséquence.

Message des Anges

Réfléchir avant de parler est signe d'une grande sagesse. Analysez vos paroles avant de les prononcer. Soyez conscient de vos paroles mensongères et de leurs conséquences. Mentir aux autres, c'est se mentir à soi-même. Nous sommes certains que vous valez mieux que des mensonges. Alors, soyez honnête avec vous-même et parlez franchement! En agissant ainsi, vous retrouverez votre intégrité et votre respectabilité.

L'infidélité

Toute erreur est humaine et tout désir est humain. Si vous vous retrouvez devant une bataille émotionnelle et que vous ne savez plus quoi faire, si l'envie d'être infidèle à votre partenaire devient trop intense, avant de faire un acte que vous pourriez regretter par la suite, priez les Anges de la fidélité. Ceux-ci vous aideront à faire de bons choix.

Les Anges de la fidélité sont composés des Anges Yezalel et Pahaliah. Ceux-ci collaboreront avec l'Ange Mihaël et Achaiah pour venir en aide à l'être humain lorsque celui-ci est tourmenté par un désir d'aventure.

Lorsque l'être humain est en période de détresse, il cherche une porte de sortie pour se libérer de ce qu'il vit. Ainsi, il devient très vulnérable aux approches flatteuses qu'on peut lui faire et il devient aussi une proie facile pour les charmeurs qui ne cherchent qu'à l'attirer. D'autres s'évaderont dans des aventures sans lendemain pour apporter un peu d'éclat dans leur vie morne. Certains chercheront de nouvelles rencontres dans le but d'établir un lien solide avant de quitter leur partenaire.

Avant de vous laisser emporter par le désir d'une aventure, les Anges de la fidélité vous feront faire une prise de conscience pour vérifier si ce désir d'infidélité reflète ce que vous désirez vraiment ou si vous agissez ainsi à cause de vos problèmes et cherchez tout simplement un moyen d'évasion éphémère. Voilà l'importance de réclamer leur aide, si vous êtes rendu à cette étape de votre vie.

La Lumière de l'Ange Pahaliah vous fera prendre conscience de vos actes et elle vous aidera à prendre la meilleure décision pour votre bien-être. De plus, Pahaliah vous aidera également à confronter votre partenaire et à lui dire la vérité si tel est votre désir.

La Lumière de l'Ange Yezalel aide à être conscient de vos actes. Cet Ange prône la fidélité conjugale. Pour lui, il est important que vous soyez fidèle à la personne à laquelle vous êtes liée. Yezalel indique que si c'est impossible pour vous d'être fidèle à la personne qui partage votre vie, il serait important que vous lui en fassiez part ou que vous deveniez célibataire.

Message des Anges

Chers enfants, lorsque les émotions sont perturbées et que vous ne savez plus où vous diriger, il suffit d'écouter la voix de la conscience. Celle-ci vous guidera vers le meilleur choix. Le choix de l'équilibre, de l'harmonie et du bonheur.

La violence

Les paroles destructives peuvent être dévastatrices pour l'être humain qui les subit. Les Anges n'aiment pas voir les êtres humains se déchirer entre eux à cause de paroles ou de gestes souvent engendrés par la colère et la violence. Les Anges affirment que ce sont des paroles et des gestes irréfléchis qui sont à l'origine des guerres, des batailles et des tueries. La haine, la violence et la colère sont des émotions de l'Ombre. Il est important de s'en libérer et de s'en éloigner avant qu'une catastrophe ne se produise dans votre relation et dans votre vie.

Personne ne mérite de subir les méfaits de la colère ou de la violence. Si vous en êtes victime, il serait important de demander de l'aide aux autorités et aux personnes ressources qui pourront vous aider dans votre désarroi. Si la gêne vous en empêche, consultez une personne en qui vous avez confiance. Ne fermez pas les yeux sur ce que vous vivez. Réagissez avant de devenir la proie de l'Ombre qui vous conduira dans les méandres de l'enfer et vers la mort de votre corps physique. Réagissez avant qu'il ne soit trop tard. Lorsqu'une personne vous aime, elle doit vous respecter. Lorsqu'un partenaire est envahi par la colère, il ne devrait pas s'attaquer à son conjoint ni à ses enfants. Lorsque vous êtes envahi par la colère, sortez à l'extérieur, changez vos idées. Ainsi, vous éviterez de graves ennuis.

La force de la prière vous donnera le courage de vous prendre en main et de régler vos problèmes de colère et de violence envers vos proches. Les Anges vous permettront d'aller à la source de vos problèmes, pour que vous puissiez mieux les régler. Il n'est pas rare de voir qu'une personne violente a vécu ce même châtiment dans son enfance. Si tel est le cas, il sera important de faire une thérapie qui vous permettra de renouer avec l'enfant en vous.

La violence n'apportera rien de bon, sauf des ennuis de toutes sortes. Réagissez avant de commettre l'irréparable. Ne laissez pas l'Ombre vous envahir, vous détruire et détruire tout ce que vous aimez et chérissez. Prenez-vous en main avant qu'il ne soit trop tard. D'ailleurs, si vous lisez ces lignes, c'est que vous venez de faire un pas dans la bonne direction. Il suffit de continuer et de prier les Anges.

Plusieurs Anges collaboreront ensemble pour vous aider à vaincre ces sentiments négatifs qui nuisent à votre vie. Il serait important de prier les Anges de la sérénité pour qu'ils nettoient vos émotions d'Ombre. Il en est de même si vous subissez ces atrocités venant de votre partenaire. En les priant, les Anges de la sérénité vous donneront le courage de vous prendre en main et de vous libérer de ces émotions négatives.

Les Anges de la sérénité sont composés des Anges Hahaiah, Lehahiah, Hahahel, Imamiah et de Mehiel. Ceux-ci collaboreront avec les Anges Mihaël et Achaiah.

La Lumière de l'Ange Hahaiah aide la femme battue à se libérer d'un être violent. La Lumière d'Hahaiah agit comme une cuirasse sur la femme victime de violence. Cette cuirasse évite que les coups la blessent émotionnellement. Physiquement, il y aura des ecchymoses, des marques, mais mentalement et émotionnellement, la Lumière de Hahaiah la protégera.

La Lumière de l'Ange Lehahiah apaisera la colère. Cet Ange n'aime pas voir les gens en colère, car elle dit que cet état déclenche des guerres inutiles. Si vous êtes victime d'une colère causée par une situation quelconque et que vous déversez votre colère sur votre partenaire, priez immédiatement l'Ange Lehahiah pour que celle-ci calme promptement ce sentiment destructif.

Il en est de même si vous subissez la colère du partenaire, priez immédiatement l'Ange Lehahiah et demandez-lui d'apaiser la colère de .... *(Nommez le nom de votre partenaire)* et, en une minute, votre partenaire s'éloignera de vous ou se calmera.

La Lumière de l'Ange Imamiah érigera autour de la victime de violence, un mur aussi fort que l'acier que les menaces ne pourront ébranler. L'énergie de cet Ange permettra à la victime de se prendre en main et de s'éloigner des personnes explosives.

La Lumière des Anges Hahahel et Mehiel est de vous donner la force et le courage de vous éloigner d'un partenaire colérique. L'énergie de ces Anges vous permettra de reprendre votre vie en main et d'avancer vers un chemin beaucoup plus lumineux et serein.

Si vous pensez que votre situation est sans issue, priez les Anges de la sérénité. Ils vous aideront à prendre conscience de votre problème et de son origine. Lorsqu'on est conscient, on est apte à se prendre en main et à régler son problème avec tact et dynamisme. Néanmoins, il faut aussi le vouloir. Si vous êtes conscient de votre violence mais que vous ne faites rien pour y remédier, les Anges ne vous seront pas d'un grand secours. Malgré tout, ils ne vous laisseront pas tomber. Ils vous aideront à retrouver le chemin de la Lumière pour que vous puissiez par la suite reprendre contact avec la prière et régler votre problème.

Il en est de même pour une victime qui prie pour que son partenaire change. Si ce dernier ne veut rien savoir de changer son attitude, les Anges ne pourront que respecter son choix.

Récitez des prières. Les Anges enverront sur votre chemin un Ange terrestre qui sera là pour vous apporter l'aide et le réconfort dont vous avez tant besoin. Les Anges de la sérénité ne vous laissent jamais tomber. Si vous êtes prêt à faire le pas et à retrouver votre liberté, priez les Anges de la sérénité. Ces Anges vous donneront la force et le courage de vous éloigner de ce partenaire qui dérange votre vie.

N'oubliez pas que les Anges de la sérénité peuvent aussi aider celui qui se laisse influencer par la violence. Toutefois, celui-ci doit en faire la demande aux Anges. Si une personne sous l'emprise de la violence ne veut rien savoir et ne cherche pas à s'en sortir, les Anges ne peuvent rien y faire et ils doivent respecter son choix.

Si vous voulez vous libérer d'un être violent, récitez une prière à cet effet. De plus, portez sur vous un objet que vous aurez fait purifier. Cet objet vous protégera et il vous donnera la force et le courage de quitter cet être.

Message des Anges

Si les humains prenaient le temps de réfléchir à leurs actes avant d'agir, il y aurait moins de larmes sur Terre et moins de femmes et d'enfants battus. Chers enfants, ne laissez personne vous détruire. Dieu vous a conçu dans l'amour et non dans la violence. Personne ne mérite d'en être la victime. À nos yeux, vous êtes le bien le plus précieux que l'on chérit et vous valez de l'or. Pourquoi, en serait-il différent aux yeux des autres ? Sachez que vous valez mieux qu'une montagne d'excuses !

Le manque de communication

Il n'est pas rare de voir des couples éprouver des lacunes au niveau de la communication. Plusieurs ont même de la difficulté à exprimer leurs sentiments envers leur partenaire. Certains préféreront les gestes aux paroles. Ils poseront toutes sortes de gestes charmants pour séduire leur partenaire au lieu de lui dire tout simplement « Je t'aime », et pourtant, ce serait tellement simple de prononcer ces deux petits mots tellement importants aux yeux du partenaire.

Certaines personnes rêvent que leur partenaire leur dise, au moins une fois de temps à autre, ces deux mots simples, romantiques et agréables à entendre : « Je t'aime ». Qu'il est donc rassurant et agréable de se faire dire « je t'aime » par son partenaire de vie! Ce sont deux mots magiques qui permettent à l'union de surmonter les pires épreuves de la vie.

Toutefois, certaines personnes ont de la difficulté à exprimer ces mots et leurs sentiments. Pour certains, la gêne les en empêche. D'autres ont peur de mal exprimer leurs émotions, et ils se taisent, ce qui peut provoquer parfois des tempêtes émotionnelles avec le partenaire. Celui-ci pensera que son partenaire ne tient pas vraiment à lui. L'insécurité s'installera et affectera énormément la relation.

Il est vrai qu'il n'est pas facile pour une personne timide ou gênée d'exprimer ses émotions. Toutefois, comment voulez-vous que votre partenaire comprenne vos états d'âmes si vous ne lui faites pas part de vos sentiments ?

Si vous voulez éviter de perdre un conjoint par manque de communication, il serait important de suivre une thérapie pour vous aider à mieux vous exprimer. Toutefois, il y a aussi l'aide des Anges. En les priant, les Anges vous donneront la force et le courage de vaincre votre timidité ou votre peur. De plus, les Anges vous guideront vers de bonnes personnes qui sauront vous aider à trouver des solutions. Les Anges aideront aussi votre partenaire à mieux voir tous les efforts que vous faites pour lui prouver votre amour. En en étant conscient, votre partenaire appréciera davantage tous vos petits gestes, ce qui atténuera et éliminera les doutes créés par le manque de communication.

Plusieurs Anges viendront collaborer avec les Anges Mihaël et Achaiah pour vous aider à mieux exprimer vos émotions. Dieu les a nommés « les Anges de la parole ». Il s'agit des Anges Haheuiah, Haaiah, Daniel, Mitzraël et Mikhaël. Si vous êtes à une première rencontre et vous voulez faire bonne figure auprès de la personne, les Anges de la parole vous seront d'un grand secours. Avec leur aide, il vous sera permis de bien dialoguer et de bien exprimer vos émotions.

La Lumière de l'Ange Haheuiah vous aidera à formuler votre pensée pour que votre partenaire puissent comprendre vos points de vue et vos sentiments. Haheuiah vous aidera à parler en temps opportun et à vous taire au bon moment. Autrement dit, cet Ange vous aidera à mieux équilibrer vos paroles, vos silences et vos gestes. Haheuiah vous aidera à prendre conscience de vos paroles, à bien les analyser et à vous les faire prononcer adéquatement.

Si vous avez des émotions envers une personne et que vous ne savez pas comment les lui dire, la Lumière de l'Ange Haaiah vous aidera à bien révéler ces émotions pour que la personne comprenne exactement vos états d'âmes et vos sentiments envers elle. N'oubliez pas que vous pouvez toujours demander à l'Ange Haaiah de vous démontrer les sentiments qui vous lient à votre partenaire.

La Lumière de l'Ange Daniel vous permettra d'avoir des dialogues profonds et véritables. Lors d'une première rencontre amoureuse, l'Ange Daniel vous insufflera les mots justes qui refléteront votre beauté intérieure. N'oubliez pas que l'Ange Daniel aime parler d'amour et faire la cour. C'est le « Roméo des Anges ».

La Lumière de l'Ange Mitzraël vous aidera à mieux exprimer vos émotions. Cet Ange vous donnera le courage lorsque viendra le temps de parler et de confronter votre partenaire. Celui-ci vous permettra d'être en contrôle avec votre gêne et votre timidité. Ce qui vous permettra de mieux exprimer vos sentiments à votre partenaire.

La Lumière de l'Ange Mikhaël vous aidera à bien exprimer vos sentiments. Cet Ange est excellent avec les mots et l'écriture. Il vous permettra de bien exprimer vos émotions sur papier. Telle sera la mission de l'Ange Mikhaël si vous lui réclamez de l'aide.

Avant d'écrire un mot ou parler à votre partenaire, demandez aux Anges de la parole de vous aider à bien formuler vos émotions. Ce que vous écrirez touchera énormément votre partenaire.

Message des Anges

Chers enfants, priez-nous et nous remplirons votre vie de mots doux, de mots tendres et de mots d'amour. N'oubliez pas que la parole peut guérir un cœur qui pleure. La parole peut réjouir un cœur heureux. La parole peut faire danser un cœur joyeux. La parole peut tout faire ce que vous lui dites. Alors, pourquoi ne pas dire des mots doux, justes et véritables à votre partenaire ? Ouvrez-lui la porte de votre cœur, ouvrez-lui la porte de vos émotions et parlez-lui d'amour. Cet amour se propagera tout autour de vous. Vous resplendirez de bonheur.

Problèmes sexuels (impuissance, frigidité et perte de désir)

La vie sexuelle est très importante pour la réussite d'un couple. Lorsque le désir sexuel est éteint, cela entraîne souvent des paroles mesquines de la part de l'un ou l'autre des partenaires. Le partenaire souffrant d'impuissance, de frigidité ou de perte de désir se sentira anéanti par les paroles de son partenaire, ce qui développera en lui de l'insécurité, du dégoût pour les relations sexuelles et de la haine envers son partenaire de vie. Et le partenaire essuyant les refus du conjoint cherchera à comprendre les raisons pour laquelle son partenaire le repousse continuellement. Celui-ci développera aussi un sentiment d'insécurité et se questionnera sur sa personnalité, sur les sentiments de son partenaire envers lui et sa fidélité. Toutes ces questions perturbent, à un point tel qu'il pourrait quitter son partenaire pour vivre une nouvelle relation où il se sentirait désiré et aimé. Toutefois, certains demeureront dans la relation et chercheront une issue pour combler le vide. Malheureusement, ce vide sera souvent remplacé par des aventures sans lendemain.

Il est primordial pour la survie d'un couple d'avoir une vie sexuelle équilibrée et épanouie.

Qu'importe la fréquence de vos relations, l'important est de trouver un terrain d'entente et de le respecter. Lorsqu'il y a un problème au niveau de votre vie sexuelle et de votre désir, il serait important de dialoguer avec le partenaire et d'essayer de trouver une solution. Il faut aussi envisager de suivre une thérapie de couple pour le bien de votre union. Faites tout ce qui est possible pour sauver votre union.

À l'occasion, planifiez des soirées romantiques avec votre partenaire, collez-vous l'un à l'autre. Si vous avez des enfants, demandez à vos proches de les garder pour la soirée. Passez du temps ensemble, sans enfants, sans cellulaires, sans ordinateurs et sans amis. Juste vous et votre partenaire. Allez danser, allez au cinéma, sortez main dans la main, faites une activité qui vous plaît. Vous verrez que ce temps précieux rehaussera votre énergie, votre désir et votre amour.

Vous pouvez aussi planifiez un week-end amoureux. Louez-vous une chambre dans un motel et amusez-vous comme lors de vos premières sorties. Vous verrez que ces sorties rallumeront la flamme du désir et raviveront votre union.

N'oubliez pas que les Anges peuvent aussi vous apporter leur soutien. En les priant, ils vous aident à trouver le meilleur chemin pour que votre couple retrouve l'harmonie d'autrefois. Les Anges vous ouvriront des portes importantes qui vous permettront de faire de bonnes actions pour le bien de votre union.

Dieu a donné à l'Ange Vehuiah une mission importante, celle de rallumer la flamme entre deux individus, la flamme qui les a unis lors de leur première rencontre. Dieu a demandé à l'Ange Vehuiah d'apporter sa Lumière remplie d'amour et de l'infuser aux couples désireux de revivre le moment magique du début de leur relation. L'Ange Jeliel, quant à lui, aidera les personnes souffrant d'impuissance ou de frigidité à trouver la meilleure solution à leur problème. Vehuiah et Jeliel travailleront en collaboration avec les Anges Mihaël et Achaiah.

La Lumière de l'Ange Vehuiah remplira votre cœur d'amour et vous donnera envie de rallumer la flamme du désir entre vous et votre partenaire. Cet Ange solidifiera vos bases et vous fera prendre conscience de l'importance de votre vie à deux. Toutefois, pour ce faire, il faut qu'il y ait encore de l'amour et du respect mutuel. Si vous priez l'Ange Vehuiah pour qu'elle rallume le désir entre vous et votre partenaire et que celui-ci n'éprouve plus aucun sentiment pour vous, l'Ange Vehuiah ne pourra pas vous aider. Sa Lumière agit sur les émotions positives, sur les émotions d'amour et de respect. Elle ne peut pas obliger votre partenaire à vous aimer si celui-ci a décidé que l'amour entre vous deux était terminé. L'Ange Vehuiah doit respecter son choix. Toutefois, Vehuiah dirigera vos pas vers des situations favorables, vers des moments qui vous rendront heureux.

La Lumière de l'Ange Jeliel vous sera d'un grand secours si vous souffrez d'impuissance ou de frigidité. Dieu a donné comme mission à cet Ange de diriger l'être aux prises avec ce problème vers le meilleur spécialiste. De plus, Jeliel vous aidera à mieux communiquer avec votre partenaire pour trouver une solution. Si vous voulez que Jeliel vous apporte son aide, faites la prière à ce sujet.

Message des Anges

Chers enfants, pourquoi vous déchirer mutuellement lorsqu'un problème surgit dans votre vie ? Au lieu de vous anéantir par des paroles et des gestes, ne serait-ce pas mieux de vous épauler? N'oubliez pas que le respect et le dialogue sont les bases essentielles pour réussir une vie à deux. N'oubliez pas qu'il nous fera un immense plaisir d'infuser à votre union une Lumière remplie d'amour et de compassion. Pour une solution à votre désarroi ou pour le bien de vos enfants et de votre union, priez-nous.

Dépendance affective

Qu'il est pénible pour un dépendant affectif de se retrouver seul, sans amour! Plusieurs ont beaucoup de difficulté à survivre à cette éventualité. Certains mettront fin à leurs jours plutôt que de demeurer seuls. D'autres chercheront la compagnie de gens qui sont souvent incompatibles avec eux.

Lorsqu'un dépendant affectif est en couple, il fera tout en son pouvoir pour éviter la séparation. Il est évident qu'il sera soumis à son partenaire. Sa personnalité se perdra puisqu'elle se fondera à celle de son conjoint. Il camouflera souvent les écarts de conduite de son partenaire, il le louangera devant les autres, il fera tout pour lui plaire.

Chez les dépendants affectifs, le sentiment d'abandon est très prononcé ainsi que la peur de la solitude. Lorsqu'une personne a vécu plusieurs blessures, elle peut développer en elle la peur de l'abandon. Elle peut devenir facilement une dépendante affective. Pour pouvoir régler ce problème, il faudra aller à la source. S'est-il développé lors de son enfance, de sa conception, de l'accouchement ? Pour pouvoir améliorer et guérir ce sentiment, il faut travailler sur soi.

Pour ce faire, il existe plusieurs thérapies qui peuvent venir en aide aux dépendants affectifs. Les Anges peuvent vous guider vers les meilleures ressources ou personnes pour vous aider à développer votre autonomie affective.

L'un des Anges les plus importants pour les dépendants affectifs est l'Ange Yerathel. Celui-ci travaille en collaboration avec les Anges Mihaël et Achaiah. Cet Ange vous aidera à prendre votre vie en main et à être autonome. L'Ange Yerathel sait que la dépendance affective dérange les émotions qui, par la suite, peuvent engendrer des problèmes physiques et émotionnels. Il vous fera comprendre qu'il y aura toujours quelqu'un sur votre chemin pour vous aimer. Les Anges de l'amour se feront un plaisir de vous l'envoyer.

La Lumière de l'Ange Yerathel développera votre autonomie affective. Ainsi, vous serez beaucoup plus heureux et en contrôle de vos émotions et de votre vie. Tous les dépendants affectifs qui vivent actuellement une période difficile devraient prier l'Ange Yerathel. Sa Lumière vous aidera à mieux contrôler la peur d'être seul et de ne pas être aimé. L'Ange Yerathel fera de vous un être indépendant qui saura savourer la vie pleinement, seul ou avec un conjoint. Cela ne veut pas dire que vous devez ignorer votre partenaire. Mais vous serez moins envahi par des sentiments de peur et d'abandon, ce qui aidera énormément votre relation.

Message des Anges

Chers enfants, ne jugez pas votre faiblesse. Ne jugez pas ce qui vous arrive. Aimez-vous et acceptez-vous tels que vous êtes. Ainsi, il sera plus facile d'aimer votre prochain convenablement. Si votre dépendance affective vous dérange, prenez votre vie en main et réglez ce problème. Voyez-y une occasion extraordinaire de grandir, de vous dépasser et d'obtenir votre autonomie. N'oubliez pas que vous êtes venus seuls sur Terre et que vous repartirez seuls. Alors, pourquoi ne pas commencer à accepter cette éventualité ? Dès maintenant, ayez confiance en votre pouvoir, relevez-vous et devenez le vainqueur de votre vie. Unissez-vous à nous et nous ferons qu'un avec vous. Ainsi, vous ne serez jamais seuls, puisque nous serons toujours en vous. Puisque vous serez bien illuminés, vous inviterez l'amour à s'installer à vos côtés. La chaleur de votre Lumière nourrira cet amour pour l'éternité.

La séparation

Il est pénible de vivre une séparation. La déchirure que provoque la séparation dérange tout l'être en entier. Plusieurs auront de la difficulté à affronter cette dure épreuve. Qu'importe la façon dont vous réagirez, seul le temps arrangera les événements. Mais lorsqu'on est émergé par les émotions, on ne voit pas les portes de sorties. On est trop aveuglé par nos émotions. Lorsqu'on prend le temps de prier les Anges, on prend alors le temps de se ressourcer. Ce temps précieux vous sera d'un grand secours. Il vous permettra de mieux analyser votre vie. Il vous permettra de mieux laisser aller vos émotions et vous en libérer. Ainsi, sans vous en rendre compte, vous reprendrez vos forces, vous reprendrez goût à la vie et vous chercherez à vous prendre en main rapidement pour régler vos problèmes.

Plusieurs Anges collaboreront avec les Anges Mihaël et Achaiah pour aider le couple à vivre leur séparation ou à l'éviter. Si vous devez subir une séparation, ces Anges de l'harmonie vous donneront la force et le courage de surmonter cette dure épreuve de la vie. Leur Lumière auront un impact positif sur la séparation. En priant les Anges de l'harmonie, ceux-ci permettront aux partenaires de mieux évaluer les raisons qui les amènent à vouloir se quitter. Ces Anges de l'harmonie feront prendre conscience à celui qui veut tout abandonner et partir, des conséquences de son geste. Si, à la suite de cette prise de conscience, son désir de quitter son partenaire est toujours très fort en lui, ces Anges de l'harmonie l'aideront à prendre la responsabilité qui s'ensuivra et donneront le courage à son partenaire d'accepter sa décision. Pour ce faire, n'hésitez pas à réciter une prière à cet effet.

De plus, ces magnifiques Anges aideront le couple qui consultera un médiateur. Leur Lumière influera sur les deux partenaires pour que ceux-ci puissent régler le tout dans une ambiance saine de calme et de respect.

Les Anges de l'harmonie sont composés des Anges Jeliel, Umabel, Vehuel, Chavakhiah, Yezalel, Iah-Hel et Eyaël.

La Lumière de l'Ange Jeliel vous donnera le courage de vous prendre en main pour que vous puissiez mieux vivre les expériences de la séparation ou du divorce dans le calme et la paix. De plus, si vous réalisez que vous avez fait une erreur et que vous aimeriez la réparer, sa lumière vous donnera le courage de le faire. Cet Ange vous donnera le courage de demander pardon à ceux que vous avez blessés. Ceci vous permettra de vous réconcilier avec votre partenaire et éviter une séparation, si tel est votre désir.

La Lumière de l'Ange Vehuel vous réconfortera et vous soutiendra lors de votre grande souffrance morale et émotionnelle. L'Ange Vehuel est un Ange idéal pour tous ceux qui vivent une peine d'amour et qui ont besoin d'un soutien pour traverser les moments pénibles de la séparation. Cet Ange prendra son balai angélique et balayera cette peine en vous.

Toutefois, si votre désir est d'éviter la séparation, ces Anges de l'harmonie feront tout pour vous accorder ce vœu. Néanmoins, l'amour et le respect doivent exister entre les partenaires pour pouvoir vous accorder ce vœu.

La Lumière de l'Ange Umabel a le pouvoir d'aider un couple à éviter une séparation. N'oubliez pas qu'Umabel ne peut voir un être malheureux. Si les deux personnes s'aiment et qu'elles vivent une période difficile, la Lumière d'Umabel peut les aider à mieux analyser leur vie de couple et à prendre conscience de leur amour. Plusieurs séparations peuvent être évitées grâce à la Lumière d'Umabel. Toutefois, si la séparation ne peut être évitée puisqu'il n'y a plus d'amour ni de respect, l'Ange Umabel aidera ce couple pour que la séparation se fasse en harmonie et non dans la bataille et la dualité.

La Lumière de l'Ange Chavakhiah permettra d'ouvrir les portes de la réconciliation et du pardon pour essayer de sauver une union. Chavakhiah protège le noyau familial contre toutes les intempéries de la vie. Toutefois, s'il est impossible de sauver cette union, la mission de l'Ange Chavakhiah sera d'aider les partenaires à régler à l'amiable le partage des biens pour que les deux soient satisfaits de leur choix et de leur décision. L'Ange Chavakhiah n'aime pas voir les gens se déchirer à cause de biens matériels. Il vous aidera à mieux partager.

La Lumière de l'Ange Yezalel rétablira l'harmonie et la paix dans les couples. Si vous êtes dans une période de crise sentimentale, cet Ange vous infusera sa fontaine d'amour pour vous aider à vous réconcilier et à résoudre votre dilemme avec votre conjoint. Toutefois, si l'un des partenaires veut partir, l'Ange Yezalel aidera celui qui est abandonné et lui infusera une Lumière de courage pour passer à travers cette épreuve.

La Lumière de l'Ange Iah-Hel vous permettra de retrouver votre calme et guidera vos pas vers l'essentiel, ce qui vous mènera vers votre bonheur. Lorsque survient une tempête dans votre vie et que vous ne savez plus quoi faire ou quelle décision prendre, avant de vous engager vers une route qui n'est pas nécessairement la meilleure, priez l'Ange Iah-Hel.

La Lumière de l'Ange Eyaël vous donnera la force et le courage de surmonter votre épreuve. Tous ceux qui ont vécu un deuil, une séparation ou un divorce et qui sont dans l'attente de meilleurs jours, devraient prier l'Ange Eyaël et lui écrire. Ils constateront rapidement qu'Eyaël leur apportera son soutien et son réconfort. Dieu a donné une mission très importante à l'Ange Eyaël, soit celle de rendre heureux les gens malheureux, autant les enfants que les adultes. Cette mission primordiale fait de lui un Ange extraordinaire. Eyaël fera tout ce qui est possible pour que la personne en détresse puisse voir la Lumière au bout du tunnel, pour que son cœur puisse à nouveau sourire à la vie. Celui-ci vous permettra de recommencer sur de nouvelles bases. Il vous aidera à bien terminer votre relation pour que vous puissiez en commencer une nouvelle sur des bases plus solides et harmonieuses.

Message des Anges

Si les humains prenaient le temps de réfléchir avant d'agir, il y aurait moins de tristesse sur Terre. Nous sommes conscients que toute faute est humaine et, parfois, pour avancer dans la vie, il faut faire des erreurs pour mieux comprendre le sens réel de la vie. Toutefois, l'important est de réparer son erreur et d'en être conscient. Vous pouvez regretter un geste ou une parole, mais si vous ne faites rien pour la réparer, rien ne sert de la regretter. Chers enfants, réparez toujours vos erreurs, et ce, pour le bien de tous.

Exercice pour éviter une séparation

Afin d'éviter une séparation, vous devez prier les Anges de l'harmonie et leur demander de protéger votre couple et de lui infuser leur Lumière de paix dans votre foyer.

Il est important de noter que si l'une des deux personnes n'a plus d'amour pour son partenaire, les Anges de l'harmonie ne pourront pas vous aider. Toutefois, ceux-ci vous donneront la force et le courage de surmonter votre épreuve, de prendre votre vie en main et d'avancer vers le chemin du bonheur.

Pour faire cet exercice, il serait préférable de choisir un endroit calme où vous ne serez pas dérangé. Allumez une chandelle blanche, rouge ou rose pour représenter votre amour. Si vous le désirez, vous pouvez toujours écouter une musique de détente.

Allumez votre chandelle, tout en récitant :

> *« Que la Lumière de l'Ange Mihaël et des Anges de l'harmonie soit présente dans cette pièce. »*

Prenez trois profondes respirations, puis expirez doucement.

Prenez une photo de vous et de votre partenaire. Portez-la à votre cœur et récitez ceci :

> *« Anges de l'harmonie conjugale, je vous implore d'éloigner la séparation et de donner à mon couple un second souffle de vie pour rallumer la flamme de notre amour, la flamme de notre bonheur. Aidez-nous, moi et mon conjoint, à réaliser l'importance de notre union. Infusez à notre couple votre Lumière d'amour et de sérénité qui protégera cette union. Faites de notre amour une union solide et heureuse ».*

Si vous pouvez inscrire cette phrase à l'endos de votre photo, il serait important de le faire. Sinon, prenez une feuille, inscrivez-y ces mots et collez-la à votre photo.

Ensuite, récitez une prière à cet effet, tout en tenant votre photo, soit dans vos mains, soit près de votre cœur. Lorsque votre prière sera terminée, enveloppez votre photo dans un tissu pour la préserver et déposez-la dans votre boîte d'Ange ou dans l'un des tiroirs de la commode. Si vous le désirez, vous pourriez même y ajouter de petits cœurs sur votre photo, mais ce n'est pas obligatoire.

Si l'amour est toujours vivant dans votre couple et qu'il est possible de sauver votre union, vous le verrez dans les semaines qui suivront votre exercice. Vous parviendrez à avoir de profonds dialogues avec votre partenaire, ce qui aidera votre couple à se retrouver. De plus, vous vivrez plusieurs situations qui permettront à votre couple de se rapprocher. Vous et votre partenaire réaliserez l'importance de vos sentiments l'un envers l'autre. Il vous sera aussi permis de réaliser l'importance qu'occupe cette union dans votre cœur. Vous serez aussi conscient de l'impact que cela engendra si vous vivez une séparation.

Toutefois, il serait important de faire cet exercice au tout début des problèmes. Plus vous attendrez, plus il sera difficile de sauver votre union.

Si les Anges de l'harmonie ne peuvent sauver votre union, vous le verrez aussi dans les semaines qui suivront cet exercice. Votre partenaire sera déterminé à quitter le foyer; il peut même le faire dans les semaines qui suivront votre exercice. Toutefois, les Anges de l'harmonie vous épauleront et ils vous donneront le courage de surmonter cette épreuve.

Exercice pour quitter un partenaire dans une ambiance saine

Les Anges de l'harmonie vous donneront la force et le courage de mettre fin à la relation sans qu'il ait une bataille. Demandez-leur d'infuser leur Lumière de paix à vous et à votre partenaire. De plus, il serait très important de faire un traité de paix avec votre partenaire.

Pour faire cet exercice, il serait préférable de choisir un endroit calme où vous ne serez pas dérangé. Allumez une chandelle blanche pour représenter la paix. Si vous le désirez, vous pouvez toujours écouter une musique de détente.

Allumez votre chandelle, tout en récitant :

> *« Que la Lumière de l'Ange Mihaël et des Anges de l'harmonie soit présente dans cette pièce. »*

Prenez trois profondes respirations, puis expirez doucement.

Prenez une photo de vous et de votre partenaire. Récitez ceci :

> *« Anges de l'harmonie conjugale, je vous implore de m'aider à mettre fin à cette*

union avec (le nom de votre partenaire). Infusez-nous votre Lumière de paix et aidez-nous à le faire dans une ambiance saine, et ce, pour le bien de tous ».

Ensuite, récitez une prière à cet effet, tout en tenant votre photo dans vos mains. Lorsque votre prière sera terminée, enveloppez votre photo dans un tissu pour la préserver et déposez-la dans votre boîte d'Ange ou dans l'un des tiroirs de la commode.

Vous verrez qu'il vous sera permis de quitter votre partenaire dans une ambiance saine. Toutefois, il serait important de faire l'exercice du traité de paix.

LES PRIÈRES

Prière pour attirer l'amour

Ô vous, les Anges de l'amour,

Je réclame immédiatement votre aide angélique pour attirer vers moi le partenaire idéal, un partenaire qui saura me rendre heureux.

Vous, Fidèle Serviteur de Dieu,

Infusez-moi votre amour divin.

Guidez mes pas vers le chemin du bonheur, de la sérénité et de la joie de vivre.

Je vous le demande humblement avec mon cœur et mon âme et je vous rends grâce des bienfaits que votre Lumière m'apportera.

Amen

Prière pour rallumer la flamme du désir

Ô vous, les Anges de l'amour,

Je vous prie humblement de rehausser notre union.

Infusez-lui votre Lumière d'amour et de respect.

Vous, Fidèles Serviteurs de Dieu,

Rallumez la flamme qui nous a uni, moi et mon partenaire.

Protégez-nous de l'Ombre.

Libérez-nous de tout mal.

Guidez nos pas vers le chemin du bonheur, du respect et de l'harmonie.

Vous, chers Anges de l'amour,

Recevez mes louanges pour tous les bienfaits que vos Lumières apporteront à mon union.

Avec amour et tendresse,

Je vous en remercie.

Amen (merci)

Prière pour trouver l'âme sœur

Ô Vous, les Anges de l'amour,

Je réclame immédiatement votre aide Angélique pour attirer vers moi ma flamme jumelle.

Un homme (ou une femme) qui saura m'aimer et me respecter.

Vous, Fidèles Serviteurs de Dieu,

Je vous prie humblement de bien prendre soin de ma prière et de la diriger vers Dieu pour qu'Il puisse l'exaucer pour le bien de mon âme et de mon Être.

Adorable Anges de l'amour,

Infusez en moi votre amour divin et guidez mes pas vers le chemin de l'amour, le chemin du bonheur.

Je vous louange de tous les bienfaits que votre Lumière apportera à mon cœur et à ma vie.

Amen (Merci)

Prière pour aider le couple en détresse

Ô Vous, les Anges de l'amour,

Je vous prie humblement de venir à mon secours.

Mon couple vit de la dualité et il a besoin de votre Lumière pour rehausser notre amour.

Vous, Fidèles Serviteurs de Dieu,

Aidez mon couple à retrouver la paix et la sérénité.

Rallumez la flamme d'amour qui nous a uni, moi et mon partenaire.

Protégez-nous de l'Ombre.

Libérez-nous de tout mal.

Guidez nos pas vers le chemin du bonheur, du respect et de l'harmonie.

Vous, chers Dieux de l'amour,

Recevez mes louanges pour tous les bienfaits que vos Lumières apporteront à mon union.

Avec amour et tendresse,

Je vous en remercie.

Amen (merci)

Prière pour se libérer de l'emprise de la jalousie, de la violence, de la colère, d'un problème ou d'un vice quelconque

Ô vous, les Anges de l'harmonie,

Je réclame immédiatement votre aide Angélique pour me libérer de cette émotion de l'Ombre qu'est (nommez votre faiblesse, ex : la jalousie).

Vous, Fidèles Serviteurs de Dieu,

Intervenez auprès de Dieu pour qu'Il puisse purifier mon corps et mon âme.

Demandez-lui de le remplir de Son amour et de Sa Lumière divine.

Je vous en supplie, Anges de l'harmonie,

Protégez-moi de cette Ombre.

Libérez-moi de tout mal.

Vous, chers Anges de Dieu,

Donnez-moi le courage de vaincre (nommez votre faiblesse, ex : la jalousie).

Aidez-moi à retrouver le chemin de la Lumière.

Aidez-moi à retrouver le chemin de la paix.

Aidez-moi à retrouver le chemin de la sérénité.

Aidez-moi à retrouver le chemin du bonheur.

Aidez-moi à retrouver mon équilibre.

Aidez-moi à me retrouver.

Je vous le demande humblement avec mon cœur et mon âme et je vous rends grâce des bienfaits que votre Lumière m'apportera.

Amen

Prière pour protéger une personne victime de violence

Ô Vous, les Anges de Dieu,

Je réclame immédiatement votre aide Angélique pour protéger… (le nom de la personne victime de violence) *de…* (le nom de la personne violente).

Infusez-lui votre Lumière de force et de courage puisqu'elle en a besoin.

Vous, Fidèles Serviteurs de Dieu,

Intervenez auprès de Dieu pour que sa souffrance cesse.

Protégez-la de l'Ombre et guidez ses pas vers le chemin de la liberté, de la paix et de la sérénité.

Je vous le demande humblement avec mon coeur et mon âme.

Amen

Prière pour se libérer d'une personne violente

Ô Vous, les Anges de Dieu

Je réclame immédiatement votre aide Angélique pour me libérer de l'emprise de… (nommez la personne).

Vous, Fidèles Serviteurs de Dieu,

Intervenez auprès de Dieu pour qu'Il puisse purifier mon corps et mon âme.

Demandez-lui de le remplir de Son amour et de Sa Lumière divine.

Charmants Anges de Dieu,

Je vous prie humblement de m'infuser votre Lumière de force et de courage pour que je puisse me prendre en main et m'éloigner et me libérer de (nommez la personne).

Aidez-moi à retrouver le chemin de la paix et de la sérénité.

Guidez mes pas vers le chemin de l'harmonie, le chemin du bonheur.

Recevez mes louanges pour tous les bienfaits que vos Lumières m'apporteront.

Avec amour et tendresse,

Je vous remercie.

Amen

Prière pour surmonter une dure épreuve

Ô Vous, les Anges de Dieu,

Je réclame immédiatement votre aide Angélique pour me donner la force et le courage de surmonter cette dure épreuve de la vie…. (Si vous le désirez, dites-lui votre épreuve).

Vous, Fidèles Serviteurs de Dieu,

Intervenez auprès de Dieu pour qu'Il puisse bien prendre soin de ma prière et l'exaucer.

Charmants Anges de Dieu,

Infusez-moi votre divine Lumière de protection car j'en ai besoin.

Libérez-moi de ce mal

Guidez mes pas vers le chemin de la paix, de la sérénité et du bonheur.

Je vous rends grâce de tous les bienfaits que votre Lumière me procurera.

Amen

REMERCIEMENTS

Je tiens à remercier toutes les personnes qui m'apportent leur soutien au quotidien. Merci de votre présence, merci de votre grande générosité.

Je remercie également tous mes lecteurs qui ont foi en ma mission et qui me gâtent par leurs mots chaleureux.

Je remercie ma famille d'être présente dans ma vie et de m'aimer. Je remercie aussi mes amis d'être toujours là lorsque j'ai besoin d'eux! À vous tous, je vous aime, et puisse la vie vous apporter des cadeaux providentiels.

À ma sœur Linda, puisse l'amour venir frapper à ta porte et que cet amour soit le plus grand de tes rêves.

Guisgui, Méli, Fredéric, Véro, Charles (alias Papou) et Lukas, je vous adore xxx.

Chers Anges, je vous remercie de tous les cadeaux providentiels que vous m'avez envoyés. Vous avez su me surprendre, vous avez su me rendre heureuse. Je vous aime pour l'éternité!

Vivre, c'est aimer. Aimer, c'est vivre. Alors savourons la vie à sa pleine capacité! D'ailleurs que serait la vie sans amour?

Vous pouvez rejoindre Joane Flansberry au
www.lejardindesanges.com